普通高等学校应用型教材·会计与财务



# 《会计综合实验教程 第5版》
# 实训手册

汤 健 蔡明杰 陶雪阳◎编著

ACCOUNTING EXPERIMENT

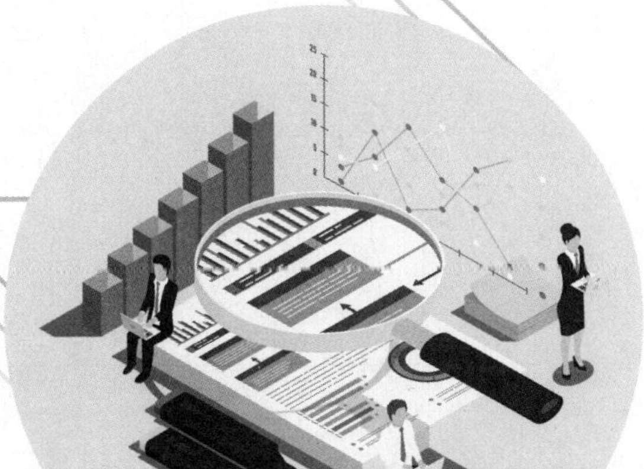

中国人民大学出版社
·北京·

# 目　录

# 一、凭证及报表样本

下列相关原始凭证样本可复印或按格式制作电子凭证，根据业务处理流程填写凭证并进行凭证传递。模拟实训时可按小组建立QQ群，将填列的原始凭证通过QQ群在相关岗位之间传递，并由记账凭证的填写人选择相关原始凭证为附件，上传至柠檬云系统中的记账凭证附件栏。也可根据纸质原始凭证填写纸质记账凭证，再将记账凭证录入柠檬云系统。柠檬云财税软件根据记账凭证可生成相关总账、明细账和日记账信息，因此不再需要纸质账页登账。若采用纸质凭证或账簿，下面凭证或账簿样本后加★的，需要自行多联次套印；加☆的，可直接外购；未加符号的，可自行根据样本印制。

## （一）会计凭证格式

### 1. 现金支票★

________银行
现金支票存根（湘）
ⅩⅣ00000000

附加信息________________

出票日期　　年　　月　　日

| |
|---|
| 收款人： |
| 金　额： |
| 用　途： |

单位主管　　　会计

本支票付款期限十天

银行**现金支票**（湘）　ⅩⅣ00000000

出票日期（大写）　　　年　月　日　　付款行名称：
收款人：　　　　　　　　　　　　　　出票人账号

| 人民币 | 亿 | 千 | 百 | 十 | 万 | 千 | 百 | 十 | 元 | 角 | 分 |
|---|---|---|---|---|---|---|---|---|---|---|---|
| | | | | | | | | | | | |

用途____________

复核　　　　记账

（现金支票背面：正联部分）

| 附加信息： | 收款人签章<br>年　月　日 | |
|---|---|---|
| | 身份证件名称： | 发证机关： |
| | 号码 | |

（粘贴单处）

说明：
①支票上应盖出票单位预留银行印鉴（支票专用章和法人章）。
②8cm×22.5cm，正联共17cm（底纹按行号分色，大写金额栏加红水纹）。

## 2. 转账支票★

________银行
转账支票存根（湘）
ⅩⅤ00000000

附加信息

出票日期　年　月　日

| 收款人： |
|---|
| 金　额： |
| 用　途： |

单位主管　　会计

本支票付款期限十天

________银行**转账支票**（湘）　　ⅩⅤ00000000

出票日期（大写）　年　月　日　付款行名称：
收款人：　出票人账号

| 人民币 | 亿 | 千 | 百 | 十 | 万 | 千 | 百 | 十 | 元 | 角 | 分 |
|---|---|---|---|---|---|---|---|---|---|---|---|
| | | | | | | | | | | | |

用途________

复核　　记账

（转账支票背面：正联部分）

| 附加信息： | 被背书人 |
|---|---|
| | 背书人签章<br>年　月　日 |

（粘贴单处）

说明：
① 支票上应盖出票单位预留银行印章（支票专用章和法人章）。
② 8cm×22.5cm，正联共 17cm（底纹按行号分色，大写金额栏加红水纹）。
③ 转账支票的金额、收款人名称，可以由出票人授权收款人补记。
④ 持票人委托开户银行收款时，应作委托收款背书，在支票背书人签章栏签章，记载“委托收款”字样、背书日期，在背书栏记载开户银行名称，并将支票和填制的进账单送交开户银行。

## 3. 银行进账单★

银行　**进账单**　（回单）　　1
年　月　日

| 收款人 | 全　称 | | 付款人 | 全　称 | |
|---|---|---|---|---|---|
| | 账　号 | | | 账　号 | |
| | 开户银行 | | | 开户银行 | |

| 金额 | 人民币（大写） | 亿 | 千 | 百 | 十 | 万 | 千 | 百 | 十 | 元 | 角 | 分 |
|---|---|---|---|---|---|---|---|---|---|---|---|---|
| | | | | | | | | | | | | |

| 票据种类 | | 票据张数 | | |
|---|---|---|---|---|
| 票据号码 | | | | |
| 复核　记账 | | | | 开户银行盖章 |

此联是开户银行交给持（出）票人的回单

银行 **进账单** （贷方凭证） 2

年 月 日

| | | | | | |
|---|---|---|---|---|---|
| 收款人 | 全 称 | | 付款人 | 全 称 | |
| | 账 号 | | | 账 号 | |
| | 开户银行 | | | 开户银行 | |
| 金额 | 人民币（大写） | | | | 亿 千 百 十 万 千 百 十 元 角 分 |
| 票据种类 | | 票据张数 | | | |
| 票据号码 | | | | | |
| 备注： | | | | 复核 记账 | |

此联由收款人开户银行作贷方凭证

银行 **进账单** （回单） 3

年 月 日

| | | | | | |
|---|---|---|---|---|---|
| 收款人 | 全 称 | | 付款人 | 全 称 | |
| | 账 号 | | | 账 号 | |
| | 开户银行 | | | 开户银行 | |
| 金额 | 人民币（大写） | | | | 亿 千 百 十 万 千 百 十 元 角 分 |
| 票据种类 | | 票据张数 | | | |
| 票据号码 | | | | | |
| | | 复核 记账 | | 收款人开户银行盖章 | |

此联是收款人开户银行交给收款人的收账通知

说明：8.5cm×17.5cm，第一联白纸黑油墨，第二联白纸红油墨，第三联白纸黑油墨。

### 4. 银行汇票申请书★

______银行**汇票申请书**（存根） 1

第 号

申请日期 年 月 日

| | | | |
|---|---|---|---|
| 申请人 | | 收款人 | |
| 账 号<br>或住址 | | 账 号<br>或住址 | |
| 用 途 | | 代 理<br>付款行 | |
| 汇票金额 | 人民币<br>（大写） | | 千 百 十 万 千 百 十 元 角 分 |

上列款项请从我账户内支付

申请人盖章

科 目（借）________

对方科目（贷）________

财务主管 复核 经办

此联是出票行给汇款人的回单

________银行**汇票申请书**（借方凭证）　2

第　　号

申请日期　　年　　月　　日

| | | | | | | | | | | | | | |
|---|---|---|---|---|---|---|---|---|---|---|---|---|---|
| 申请人 | | 收款人 | | | | | | | | | | | |
| 账　号<br>或住址 | | 账　号<br>或住址 | | | | | | | | | | | |
| 用　途 | | 代　理<br>付款行 | | | | | | | | | | | |
| 汇票金额 | 人民币<br>（大写） | | | 千 | 百 | 十 | 万 | 千 | 百 | 十 | 元 | 角 | 分 |
| | | | | | | | | | | | | | |

此联出票行作借方凭证

备注

科　　目（借）________________

对方科目（贷）________________

财务主管　　　　复核　　　　经办

---

________银行**汇票申请书**（贷方凭证）　3

第　　号

申请日期　　年　　月　　日

| | | | | | | | | | | | | | |
|---|---|---|---|---|---|---|---|---|---|---|---|---|---|
| 申请人 | | 收款人 | | | | | | | | | | | |
| 账　号<br>或住址 | | 账　号<br>或住址 | | | | | | | | | | | |
| 用　途 | | 代　理<br>付款行 | | | | | | | | | | | |
| 汇票金额 | 人民币<br>（大写） | | | 千 | 百 | 十 | 万 | 千 | 百 | 十 | 元 | 角 | 分 |
| | | | | | | | | | | | | | |

此联出票行作汇出汇款贷方凭证

备注：

科　　目（借）________________

对方科目（贷）________________

财务主管　　　　复核　　　　经办

---

说明：8.5cm×17.5cm，第一联白纸黑油墨，第二联白纸红油墨，第三联白纸蓝油墨。

**5. 银行汇票★**

付款期限
壹 个 月

________银行

**银行汇票**（卡片） 1

汇票号码

出票日期（大写） 年 月 日

代理付款行： 行号：

收款人： 账 号：

出票金额 人民币（大写）

实际结算金额 人民币（大写）

| 千 | 百 | 十 | 万 | 千 | 百 | 十 | 元 | 角 | 分 |
|---|---|---|---|---|---|---|---|---|---|
| | | | | | | | | | |

申请人：__________ 账号：__________

出票行：______ 行号：______

备 注：__________

复核 经办

复核 记账

此联出票行结算汇票时作汇出汇款借方凭证

---

付款期限
壹 个 月

________银行

**银行汇票** 2

地名 BA 01 0000000

出票日期（大写） 年 月 日

代理付款行： 行号：

收款人： 账 号：

出票金额 人民币（大写）

实际结算金额 人民币（大写）

| 千 | 百 | 十 | 万 | 千 | 百 | 十 | 元 | 角 | 分 |
|---|---|---|---|---|---|---|---|---|---|
| | | | | | | | | | |

申请人：__________ 账号：__________

出票行：______ 行号：______

备 注：__________

凭票付款

出票行签章

密押：

多余金额

| 千 | 百 | 十 | 万 | 千 | 百 | 十 | 元 | 角 | 分 |
|---|---|---|---|---|---|---|---|---|---|
| | | | | | | | | | |

复核 记账

此联代理付款行付款后作联行往来借方凭证附件

（第二联银行汇票背面）

| 被背书人 | 被背书人 |
| --- | --- |
| 背书人签章<br>年 月 日 | 背书人签章<br>年 月 日 |

（粘贴单处）

持票人向银行 身份证件名称： 发证机关：

提示付款签章： 号码：

| | | | | | | | | | | | | | | | | | |
| --- | --- | --- | --- | --- | --- | --- | --- | --- | --- | --- | --- | --- | --- | --- | --- | --- | --- |
| | | | | | | | | | | | | | | | | | |

付款期限 壹 个 月

________银行

**银行汇票**（解讫通知） 3

汇票号码

| | | | | | | | | | | | |
| --- | --- | --- | --- | --- | --- | --- | --- | --- | --- | --- | --- |
| 出票日期（大写） 年 月 日 | 代理付款行： 行号： | | | | | | | | | | |
| 收款人： | 账 号： | | | | | | | | | | |
| 出票金额 | 人民币（大写） | | | | | | | | | | |
| 实际结算金额 | 人民币（大写） | 千 | 百 | 十 | 万 | 千 | 百 | 十 | 元 | 角 | 分 |
| | | | | | | | | | | | |

此联付款行付款后随报单寄出票行，由出票行作多余款贷方凭证

申请人：__________ 账号或地址：__________

出票行：______ 行号：______

备 注：__________

代理付款行盖章

复核 经办

| 密押： | | | | | | | | | | |
| --- | --- | --- | --- | --- | --- | --- | --- | --- | --- | --- |
| 多余金额 | | | | | | | | | | |
| 千 | 百 | 十 | 万 | 千 | 百 | 十 | 元 | 角 | 分 | 复核 记账 |
| | | | | | | | | | | |

付款期限
壹 个 月

________银行

**银行汇票**（多余款收账通知） 4

汇票号码

| | | | |
|---|---|---|---|
| 出票日期（大写） 年 月 日 | 代理付款行： | 行号： | |
| 收款人： | 账 号： | | |
| 出票金额 | 人民币（大写） | | |

| 实际结算金额 | 人民币（大写） | 千 | 百 | 十 | 万 | 千 | 百 | 十 | 元 | 角 | 分 |
|---|---|---|---|---|---|---|---|---|---|---|---|
| | | | | | | | | | | | |

此联出票行结清多余款后交申请人

申请人：________________ 账号或地址：________________

出票行：______ 行号：______

备 注：________________

出票行盖章

年 月 日

| 密押： | | | | | | | | | | 左列退回多余金额已收入你账户内 |
|---|---|---|---|---|---|---|---|---|---|---|
| 多余金额 | | | | | | | | | | |
| 千 | 百 | 十 | 万 | 千 | 百 | 十 | 元 | 角 | 分 | |
| | | | | | | | | | | |

说明：10cm×17.5cm，第一联白纸黑油墨；第二联专用水印纸蓝油墨，出票金额栏加红水纹；第三联白纸红油墨，实际结算金额栏加红水纹；第四联白纸紫油墨。

## 6. 粘单

| 被背书人 | 被背书人 |
|---|---|
| 背书人签章<br>年 月 日 | 背书人签章<br>年 月 日 |

说明：8cm×15cm，白纸黑油墨。

## 7. 银行本票申请书★

________银行________省分行签发银行本票

**申请书**（存根） 1

申请日期　　年　　月　　日　　　　　　　　第　　号

受款单位或个人名称________________________ 本票号码________________

申请签发本票金额（大写）________________________________

申请人名称________________________

申请人地址（或账号）____________________

申请人签章　　银行出纳　　复核　　记账　　验印

此联由申请人签发单位或个人留存，代替记账凭证

________银行________省分行签发银行本票

**申请书**（借方凭证） 2

申请日期　　年　　月　　日　　　　　　　　第　　号

受款单位或个人名称________________________ 本票号码________________

申请签发本票金额（大写）________________________________

申请人名称________________________

申请人地址（或账号）____________________

申请人签章　　银行出纳　　复核　　记账　　验印

此联出票行作借方凭证

________银行________省分行签发银行本票

**申请书**（贷方凭证） 3

申请日期　　年　　月　　日　　　　　　　　第　　号

受款单位或个人名称________________________ 本票号码________________

申请签发本票金额（大写）________________________________

申请人名称________________________

申请人地址（或账号）____________________

申请人签章　　银行出纳　　复核　　记账　　验印

此联出票行作贷方凭证

**8. 银行本票★**

________银行

| 付款期限<br>壹 个 月 | 出票日期<br>(大写) | 本　票（卡片）1<br>年　月　日 | 地名 | 汇票号码 |
|---|---|---|---|---|

| | | | |
|---|---|---|---|
| 收款人： | | | 申请人： |
| 凭票即付 | 人民币<br>(大写) | | |
| 转账 | 现金 | | |
| 备注： | | | 出纳　复核　经办 |

此联出票行留存，结算本票时作借方凭证附件

________银行

| 付款期限<br>壹 个 月 | 出票日期<br>(大写) | 本　票　2<br>年　月　日 | 地名 EB/03 | 00000000 |
|---|---|---|---|---|

| | | | |
|---|---|---|---|
| 收款人： | | | 申请人： |
| 凭票即付 | 人民币<br>(大写) | | |
| 转账 | 现金 | | |
| 备注： | | 出票行签章 | 出纳　复核　经办 |

此联出票行结清本票时作借方凭证

(本票第二联背面)

| 被背书人 | 被背书人 |
|---|---|
| 背书人签章<br>年　月　日 | 背书人签章<br>年　月　日 |

(粘贴单处)

持票人向银行提示付款签章：　　身份证件名称：　　发证机关：

号码：

**9. 商业承兑汇票★**

**商业承兑汇票**（卡片）　1

出票日期：　　年　　月　　日　　　　　　汇票号码
（大写）

<table>
<tr><td rowspan="3">付款人</td><td>全　称</td><td colspan="3"></td><td rowspan="3">收款人</td><td>全　称</td><td colspan="11"></td></tr>
<tr><td>账　号</td><td colspan="3"></td><td>账　号</td><td colspan="11"></td></tr>
<tr><td>开户银行</td><td colspan="3"></td><td>开户银行</td><td colspan="4"></td><td>行号</td><td colspan="6"></td></tr>
<tr><td colspan="2" rowspan="2">出票金额</td><td colspan="5" rowspan="2">人民币<br>（大写）</td><td>亿</td><td>千</td><td>百</td><td>十</td><td>万</td><td>千</td><td>百</td><td>十</td><td>元</td><td>角</td><td>分</td></tr>
<tr><td></td><td></td><td></td><td></td><td></td><td></td><td></td><td></td><td></td><td></td><td></td></tr>
<tr><td colspan="2">汇票到期日<br>（大写）</td><td colspan="3"></td><td colspan="2" rowspan="2">付款人<br>开户行</td><td>行号</td><td colspan="10"></td></tr>
<tr><td colspan="2">交易合同号码</td><td colspan="3"></td><td>地址</td><td colspan="10"></td></tr>
<tr><td colspan="5">出票人签章</td><td colspan="13">备注：</td></tr>
</table>

此联承兑人存查

**商业承兑汇票**　2

出票日期：　　年　　月　　日　　　　AA/01　00000000
（大写）

<table>
<tr><td rowspan="3">付款人</td><td>全　称</td><td colspan="3"></td><td rowspan="3">收款人</td><td>全　称</td><td colspan="11"></td></tr>
<tr><td>账　号</td><td colspan="3"></td><td>账　号</td><td colspan="11"></td></tr>
<tr><td>开户银行</td><td colspan="3"></td><td>开户银行</td><td colspan="4"></td><td>行号</td><td colspan="6"></td></tr>
<tr><td colspan="2" rowspan="2">出票金额</td><td colspan="5" rowspan="2">人民币<br>（大写）</td><td>亿</td><td>千</td><td>百</td><td>十</td><td>万</td><td>千</td><td>百</td><td>十</td><td>元</td><td>角</td><td>分</td></tr>
<tr><td></td><td></td><td></td><td></td><td></td><td></td><td></td><td></td><td></td><td></td><td></td></tr>
<tr><td colspan="2">汇票到期日<br>（大写）</td><td colspan="3"></td><td colspan="2" rowspan="2">付款人<br>开户行</td><td>行号</td><td colspan="10"></td></tr>
<tr><td colspan="2">交易合同号码</td><td colspan="3"></td><td>地址</td><td colspan="10"></td></tr>
<tr><td colspan="5">本汇票已承兑，到期无条件支付票款。<br>出票人签章<br>承兑日期　　年　　月　　日</td><td colspan="13">本汇票请予以承兑于到期日付款。<br>出票人签章</td></tr>
</table>

此联持票人开户行向承兑银行收取票款时作联行往来借方凭证

（商业承兑汇票第二联背面）

| 被背书人 | 被背书人 |
|---|---|
| 背书人签章<br>年　　月　　日 | 背书人签章<br>年　　月　　日 |

（粘贴单处）

**商业承兑汇票**（解讫通知）　3

出票日期：　　　年　　月　　日　　　　　　汇票号码
（大写）

| | | | | | | | | | | | | | | | | |
|---|---|---|---|---|---|---|---|---|---|---|---|---|---|---|---|---|
| 付款人 | 全　称 | | 收款人 | 全　称 | | | | | | | | | | | | |
| | 账　号 | | | 账　号 | | | | | | | | | | | | |
| | 开户银行 | | | 开户银行 | | | | | 行号 | | | | | | | |
| 出票金额 | | 人民币（大写） | | | 亿 | 千 | 百 | 十 | 万 | 千 | 百 | 十 | 元 | 角 | 分 | |
| | | | | | | | | | | | | | | | | |
| 汇票到期日（大写） | | | 付款人开户行 | 行号 | | | | | | | | | | | | |
| 交易合同号码 | | | | 地址 | | | | | | | | | | | | |
| 备注： | | | | | | | | | | | | | | | | |

此联持票人开户银行随托收凭证寄付款人开户行作借方凭证附件

说明：10cm×17.5cm，第一联白纸黑油墨；第二联专用水印纸蓝油墨，出票金额栏加红水纹；第三联白纸黑油墨。

## 10. 银行承兑汇票★

**银行承兑汇票**（卡片）　1

出票日期：　　　年　　月　　日　　　　　　汇票号码
（大写）

| | | | | | | | | | | | | | | | |
|---|---|---|---|---|---|---|---|---|---|---|---|---|---|---|---|
| 出票人全称 | | 收款人 | 全　称 | | | | | | | | | | | | |
| 出票人账号 | | | 账　号 | | | | | | | | | | | | |
| 付款行全称 | | | 开户银行 | | | | | 行号 | | | | | | | |
| 出票金额 | 人民币（大写） | | | 亿 | 千 | 百 | 十 | 万 | 千 | 百 | 十 | 元 | 角 | 分 | |
| | | | | | | | | | | | | | | | |
| 汇票到期日（大写） | | 付款行 | 行号 | | | | | | | | | | | | |
| 承兑协议编号 | | | 地址 | | | | | | | | | | | | |
| 本汇票请你行承兑，此项汇票款我单位承兑协议于到期日前足额交存银行，到期请予以支付。<br>出票人签章 | | 备注： | | | | | | | 复核　记账 | | | | | | |

此联承兑行留存备查，到期支付票款时作借方凭证附件

**银行承兑汇票** 2

出票日期：　　年　　月　　日　　　　　　CA/01　00000000
（大写）

<table>
<tr><td>出票人全称</td><td></td><td rowspan="3">收款人</td><td>全　称</td><td colspan="11"></td></tr>
<tr><td>出票人账号</td><td></td><td>账　号</td><td colspan="11"></td></tr>
<tr><td>付款行全称</td><td></td><td>开户银行</td><td colspan="3"></td><td colspan="2">行号</td><td colspan="6"></td></tr>
<tr><td rowspan="2">出票金额</td><td colspan="3" rowspan="2">人民币<br>（大写）</td><td>亿</td><td>千</td><td>百</td><td>十</td><td>万</td><td>千</td><td>百</td><td>十</td><td>元</td><td>角</td><td>分</td></tr>
<tr><td></td><td></td><td></td><td></td><td></td><td></td><td></td><td></td><td></td><td></td><td></td></tr>
<tr><td>汇票到期日<br>（大写）</td><td></td><td rowspan="2">付款行</td><td>行号</td><td colspan="11"></td></tr>
<tr><td>承兑协议编号</td><td></td><td>地址</td><td colspan="11"></td></tr>
<tr><td colspan="2" rowspan="2">本汇票请你行承兑，到期无条件付款。<br><br>出票人签章</td><td colspan="2">本汇票已经承兑，到期日由本行付款。<br>承兑行签章<br>承兑日期　年　月　日</td><td colspan="11" rowspan="2">复核　　记账</td></tr>
<tr><td colspan="2">备注：</td></tr>
</table>

此联由收款人开户行随托收凭证寄付款行作借方凭证附件

（银行承兑汇票第二联背面）

<table>
<tr><td>被背书人</td><td>被背书人</td></tr>
<tr><td>背书人签章<br>年　月　日</td><td>背书人签章<br>年　月　日</td></tr>
</table>

（粘贴单处）

**银行承兑汇票**（存根）　3

出票日期：　　年　　月　　日　　　　　　汇票号码
（大写）

<table>
<tr><td>出票人全称</td><td></td><td rowspan="3">收款人</td><td>全　称</td><td colspan="11"></td></tr>
<tr><td>出票人账号</td><td></td><td>账　号</td><td colspan="11"></td></tr>
<tr><td>付款行全称</td><td></td><td>开户银行</td><td colspan="3"></td><td colspan="2">行号</td><td colspan="6"></td></tr>
<tr><td rowspan="2">出票金额</td><td colspan="3" rowspan="2">人民币<br>（大写）</td><td>亿</td><td>千</td><td>百</td><td>十</td><td>万</td><td>千</td><td>百</td><td>十</td><td>元</td><td>角</td><td>分</td></tr>
<tr><td></td><td></td><td></td><td></td><td></td><td></td><td></td><td></td><td></td><td></td><td></td></tr>
<tr><td>汇票到期日<br>（大写）</td><td></td><td rowspan="2">付款行</td><td>行号</td><td colspan="11"></td></tr>
<tr><td>承兑协议编号</td><td></td><td>地址</td><td colspan="11"></td></tr>
<tr><td colspan="2" rowspan="2"></td><td colspan="2"></td><td colspan="11" rowspan="2"></td></tr>
<tr><td colspan="2">备注：</td></tr>
</table>

此联由出票人存查

说明：10cm×17.5cm，第一联白纸黑油墨；第二联专用水印纸蓝油墨，出票金额栏加红水纹；第三联白纸黑油墨。

## 11. 银行承兑协议

### 银行承兑协议（存根）　1

编号：

银行承兑汇票的内容：

收款人全称＿＿＿＿＿＿＿＿　付款人全称＿＿＿＿＿＿＿＿

开户银行＿＿＿＿＿＿＿＿　开户银行＿＿＿＿＿＿＿＿

账　　号＿＿＿＿＿＿＿＿　账　　号＿＿＿＿＿＿＿＿

汇票号码＿＿＿＿＿＿＿＿　汇票金额（大写）＿＿＿＿＿＿＿＿

签发日期＿＿年＿＿月＿＿日　到期日期＿＿年＿＿月＿＿日

以上汇票经承兑银行承兑，承兑申请人（下称申请人）愿遵守《银行结算办法》的规定以及下列条款：

一、申请人于汇票到期日前将应付票款足额交存承兑银行。

二、承兑手续费按票面金额万分之（ 五）计算，在银行承兑时一次付清。

三、承兑汇票如发生任何交易纠纷，均由收付双方自行处理，票款于到期前仍按第一条办理。

四、承兑汇票到期日，承兑银行凭票无条件支付票款。如到期日之前申请人不能足额交付票款时，承兑银行对不足支付票款转作承兑申请逾期贷款，并按照有关规定计收罚息。

五、承兑汇票款付清后，本协议自动失效。

本协议第一、二联分别由承兑银行信贷部门和承兑申请人存执，协议副本由承兑银行会计部门存查。

承兑申请人签章：　　　　承兑银行签章：

订立承兑协议日期：　　　　年　　月　　日

### 银行承兑协议　2

编号：

银行承兑汇票的内容：

收款人全称＿＿＿＿＿＿＿＿　付款人全称＿＿＿＿＿＿＿＿

开户银行＿＿＿＿＿＿＿＿　开户银行＿＿＿＿＿＿＿＿

账　　号＿＿＿＿＿＿＿＿　账　　号＿＿＿＿＿＿＿＿

汇票号码＿＿＿＿＿＿＿＿　汇票金额（大写）＿＿＿＿＿＿＿＿

签发日期＿＿年＿＿月＿＿日　到期日期＿＿年＿＿月＿＿日

以上汇票经承兑银行承兑，承兑申请人（下称申请人）愿遵守《银行结算办法》的规定以及下列条款：

一、申请人于汇票到期日前将应付票款足额交存承兑银行。

二、承兑手续费按票面金额万分之（ 五）计算，在银行承兑时一次付清。

三、承兑汇票如发生任何交易纠纷，均由收付双方自行处理，票款于到期前仍按第一条办理。

四、承兑汇票到期日，承兑银行凭票无条件支付票款。如到期日之前申请人不能足额交付票款时，承兑银行对不足支付票款转作承兑申请逾期贷款，并按照有关规定计收罚息。

五、承兑汇票款付清后，本协议自动失效。

本协议第一、二联分别由承兑银行信贷部门和承兑申请人存执，协议副本由承兑银行会计部门存查。

承兑申请人签章：　　　　承兑银行签章：

订立承兑协议日期：　　　　年　　月　　日

**银行承兑协议**（副本）　　3

编号：

银行承兑汇票的内容：

收款人全称________________　　付款人全称________________

开户银行________________　　开户银行________________

账　　号________________　　账　　号________________

汇票号码________________　　汇票金额（大写）________________

签发日期_____年____月____日　　到期日期_____年____月____日

以上汇票经承兑银行承兑，承兑申请人（下称申请人）愿遵守《银行结算办法》的规定以及下列条款：

一、申请人于汇票到期日前将应付票款足额交存承兑银行。

二、承兑手续费按票面金额万分之（ 五）计算，在银行承兑时一次付清。

三、承兑汇票如发生任何交易纠纷，均由收付双方自行处理，票款于到期前仍按第一条办理。

四、承兑汇票到期日，承兑银行凭票无条件支付票款。如到期日之前申请人不能足额交付票款时，承兑银行对不足支付票款转作承兑申请逾期贷款，并按照有关规定计收罚息。

五、承兑汇票款付清后，本协议自动失效。

本协议第一、二联分别由承兑银行信贷部门和承兑申请人存执，协议副本由承兑银行会计部门存查。

承兑申请人签章：　　　　承兑银行签章：

订立承兑协议日期：　　　　年　　月　　日

说明：25cm×18cm（白纸黑油墨），第一联出票人留存，第二联和第三联分别由承兑银行信贷部门和会计部门存查。

## 12. 贴现凭证

**贴现凭证**（代申请书）　　1

填写日期：　　年　　月　　日　　　　第　　号

<table>
<tr><td rowspan="3">贴现汇票</td><td>种类</td><td></td><td>号码</td><td></td><td rowspan="3">申请人</td><td>全　称</td><td colspan="3"></td></tr>
<tr><td>发票日</td><td colspan="3">年　月　日</td><td>账　号</td><td colspan="3"></td></tr>
<tr><td>到期日</td><td colspan="3">年　月　日</td><td>开户银行</td><td colspan="3"></td></tr>
<tr><td colspan="2">汇票承兑人名称</td><td colspan="3"></td><td>账号</td><td></td><td>开户银行</td><td colspan="2"></td></tr>
<tr><td colspan="2">汇票金额</td><td colspan="6">人民币（大写）</td><td colspan="2">千 百 十 万 千 百 十 元 角 分</td></tr>
<tr><td>贴现率每月</td><td>‰</td><td>贴现利息</td><td colspan="2">十 万 千 百 十 元 角 分</td><td colspan="3">实付贴现金额</td><td colspan="2">千 百 十 万 千 百 十 元 角 分</td></tr>
<tr><td colspan="4">附送承兑汇票申请贴现，请审核。<br>持票人签章</td><td>银行审批</td><td colspan="2">负责人　信贷员</td><td colspan="3">科目（借）________<br>对方科目（贷）________<br>复核　　记账</td></tr>
</table>

此联银行作贴现借方凭证

## 贴现凭证（贷方凭证）　2

填写日期：　年　月　日　　　　第　号

| 贴现汇票 | 种类 | | 号码 | | 申请人 | 全　称 | |
|---|---|---|---|---|---|---|---|
| | 发票日 | 年　月　日 | | | | 账　号 | |
| | 到期日 | 年　月　日 | | | | 开户银行 | |
| 汇票承兑人名称 | | | 账号 | | | 开户银行 | |

| 汇票金额 | 人民币（大写） | 千 | 百 | 十 | 万 | 千 | 百 | 十 | 元 | 角 | 分 |
|---|---|---|---|---|---|---|---|---|---|---|---|
| | | | | | | | | | | | |

| 贴现率每　月 | ‰ | 贴现利息 | 十 | 万 | 千 | 百 | 十 | 元 | 角 | 分 | 实付贴现金　额 | 千 | 百 | 十 | 万 | 千 | 百 | 十 | 元 | 角 | 分 |
|---|---|---|---|---|---|---|---|---|---|---|---|---|---|---|---|---|---|---|---|---|---|
| | | | | | | | | | | | | | | | | | | | | | |

科目（借）__________

对方科目（贷）__________

复核　　　记账

此联银行作持票人账户贷方凭证

---

## 贴现凭证（贷方凭证）　3

填写日期：　年　月　日　　　　第　号

| 贴现汇票 | 种类 | | 号码 | | 申请人 | 全　称 | |
|---|---|---|---|---|---|---|---|
| | 发票日 | 年　月　日 | | | | 账　号 | |
| | 到期日 | 年　月　日 | | | | 开户银行 | |
| 汇票承兑人名称 | | | 账号 | | | 开户银行 | |

| 汇票金额 | 人民币（大写） | 千 | 百 | 十 | 万 | 千 | 百 | 十 | 元 | 角 | 分 |
|---|---|---|---|---|---|---|---|---|---|---|---|
| | | | | | | | | | | | |

| 贴现率每　月 | ‰ | 贴现利息 | 十 | 万 | 千 | 百 | 十 | 元 | 角 | 分 | 实付贴现金　额 | 千 | 百 | 十 | 万 | 千 | 百 | 十 | 元 | 角 | 分 |
|---|---|---|---|---|---|---|---|---|---|---|---|---|---|---|---|---|---|---|---|---|---|
| | | | | | | | | | | | | | | | | | | | | | |

科目（借）__________

对方科目（贷）__________

复核　　　记账

此联银行作贴现利息贷方凭证

**贴现凭证**（收账通知）　4

填写日期：　　年　　月　　日　　　　第　　号

<table>
<tr><td rowspan="3">贴现汇票</td><td>种类</td><td></td><td>号码</td><td colspan="8"></td><td rowspan="3">申请人</td><td>全　称</td><td colspan="10"></td></tr>
<tr><td>发票日</td><td colspan="10">年　月　日</td><td>账　号</td><td colspan="10"></td></tr>
<tr><td>到期日</td><td colspan="10">年　月　日</td><td>开户银行</td><td colspan="10"></td></tr>
<tr><td colspan="2">汇票承兑人名称</td><td colspan="10"></td><td>账号</td><td colspan="5"></td><td colspan="3">开户银行</td><td colspan="3"></td></tr>
<tr><td colspan="2" rowspan="2">汇票金额</td><td colspan="14" rowspan="2">人民币<br>（大写）</td><td>千</td><td>百</td><td>十</td><td>万</td><td>千</td><td>百</td><td>十</td><td>元</td><td>角</td><td>分</td></tr>
<tr><td></td><td></td><td></td><td></td><td></td><td></td><td></td><td></td><td></td><td></td></tr>
<tr><td rowspan="2">贴现率<br>每　月</td><td rowspan="2">‰</td><td rowspan="2">贴现利息</td><td>十</td><td>万</td><td>千</td><td>百</td><td>十</td><td>元</td><td>角</td><td>分</td><td colspan="5" rowspan="2">实付贴现金　额</td><td>千</td><td>百</td><td>十</td><td>万</td><td>千</td><td>百</td><td>十</td><td>元</td><td>角</td><td>分</td></tr>
<tr><td></td><td></td><td></td><td></td><td></td><td></td><td></td><td></td><td></td><td></td><td></td><td></td><td></td><td></td><td></td><td></td><td></td><td></td></tr>
<tr><td colspan="14">贴现款项已入你单位账户。<br><br>银行盖章<br>年　月　日</td><td colspan="12">备注：</td></tr>
</table>

此联是银行给持票人的收账通知

---

**贴现凭证**（到期卡）　5

填写日期：　　年　　月　　日　　　　第　　号

<table>
<tr><td rowspan="3">贴现汇票</td><td>种类</td><td></td><td>号码</td><td colspan="8"></td><td rowspan="3">申请人</td><td>全　称</td><td colspan="10"></td></tr>
<tr><td>发票日</td><td colspan="10">年　月　日</td><td>账　号</td><td colspan="10"></td></tr>
<tr><td>到期日</td><td colspan="10">年　月　日</td><td>开户银行</td><td colspan="10"></td></tr>
<tr><td colspan="2">汇票承兑人名称</td><td colspan="10"></td><td>账号</td><td colspan="5"></td><td colspan="3">开户银行</td><td colspan="3"></td></tr>
<tr><td colspan="2" rowspan="2">汇票金额</td><td colspan="14" rowspan="2">人民币<br>（大写）</td><td>千</td><td>百</td><td>十</td><td>万</td><td>千</td><td>百</td><td>十</td><td>元</td><td>角</td><td>分</td></tr>
<tr><td></td><td></td><td></td><td></td><td></td><td></td><td></td><td></td><td></td><td></td></tr>
<tr><td rowspan="2">贴现率<br>每　月</td><td rowspan="2">‰</td><td rowspan="2">贴现利息</td><td>十</td><td>万</td><td>千</td><td>百</td><td>十</td><td>元</td><td>角</td><td>分</td><td colspan="5" rowspan="2">实付贴现金　额</td><td>千</td><td>百</td><td>十</td><td>万</td><td>千</td><td>百</td><td>十</td><td>元</td><td>角</td><td>分</td></tr>
<tr><td></td><td></td><td></td><td></td><td></td><td></td><td></td><td></td><td></td><td></td><td></td><td></td><td></td><td></td><td></td><td></td><td></td><td></td></tr>
<tr><td colspan="14"></td><td colspan="12">科目（借）__________<br>对方科目（贷）__________<br><br>复核　　　记账</td></tr>
</table>

此联银行会计部门按到期日排列保管，到期日作贴现贷方凭证

## 13. 信汇凭证★

**银行　信汇凭证**（回单）　1

委托日期　　年　　月　　日

| | | | | | |
|---|---|---|---|---|---|
| 汇款人 | 全　称 | | 收款人 | 全　称 | |
| | 账　号 | | | 账　号 | |
| | 汇出地点 | 省　　市/县 | | 汇入地点 | 省　　市/县 |
| 汇出行名称 | | | 汇入行名称 | | |

| | | 亿 | 千 | 百 | 十 | 万 | 千 | 百 | 十 | 元 | 角 | 分 |
|---|---|---|---|---|---|---|---|---|---|---|---|---|
| 金额 | 人民币（大写） | | | | | | | | | | | |
| | | 支付密码 | | | | | | | | | | |
| 汇出行签章 | | 附加信息及用途：<br>复核　　记账 | | | | | | | | | | |

此联是汇出行给汇款人的回单

---

**银行　信汇凭证**（借方凭证）　2

委托日期　　年　　月　　日

| | | | | | |
|---|---|---|---|---|---|
| 汇款人 | 全　称 | | 收款人 | 全　称 | |
| | 账　号 | | | 账　号 | |
| | 汇出地点 | 省　　市/县 | | 汇入地点 | 省　　市/县 |
| 汇出行名称 | | | 汇入行名称 | | |

| | | 亿 | 千 | 百 | 十 | 万 | 千 | 百 | 十 | 元 | 角 | 分 |
|---|---|---|---|---|---|---|---|---|---|---|---|---|
| 金额 | 人民币（大写） | | | | | | | | | | | |
| | | 支付密码 | | | | | | | | | | |
| 此汇款支付给收款人。<br>汇出行签章 | | 附加信息及用途：<br>复核　　记账 | | | | | | | | | | |

此联汇出行作借方凭证

## 银行　信汇凭证（贷方凭证）　3

委托日期　　年　　月　　日

| | | | | | |
|---|---|---|---|---|---|
| 汇款人 | 全　称 | | 收款人 | 全　称 | |
| | 账　号 | | | 账　号 | |
| | 汇出地点 | 省　市/县 | | 汇入地点 | 省　市/县 |
| 汇出行名称 | | | 汇入行名称 | | |

| | | | | | | | | | | | | |
|---|---|---|---|---|---|---|---|---|---|---|---|---|
| 金额 | 人民币（大写） | 亿 | 千 | 百 | 十 | 万 | 千 | 百 | 十 | 元 | 角 | 分 |
| | | | | | | | | | | | | |

| | | |
|---|---|---|
| | 支付密码 | |
| | 附加信息及用途：<br>复核　　记账 | |

此联汇入行作贷方凭证

## 银行　信汇凭证（收账通知）　4

委托日期　　年　　月　　日

| | | | | | |
|---|---|---|---|---|---|
| 汇款人 | 全　称 | | 收款人 | 全　称 | |
| | 账　号 | | | 账　号 | |
| | 汇出地点 | 省　市/县 | | 汇入地点 | 省　市/县 |
| 汇出行名称 | | | 汇入行名称 | | |

| | | | | | | | | | | | | |
|---|---|---|---|---|---|---|---|---|---|---|---|---|
| 金额 | 人民币（大写） | 亿 | 千 | 百 | 十 | 万 | 千 | 百 | 十 | 元 | 角 | 分 |
| | | | | | | | | | | | | |

| | | |
|---|---|---|
| | 支付密码 | |
| 款项已收入收款人账户。<br>汇入行签章 | 附加信息及用途：<br>复核　　记账 | |

此联是给收款人的收账通知

说明：8.5cm×17.5cm，第一联白纸黑油墨，第二联白纸蓝油墨，第三联白纸红油墨，第四联白纸紫油墨。

## 14. 网上银行电子回单

________银行网上银行电子回单

电子回单号码：

| 回单类型 | | 网上转账汇款 | 指令序号 | | ××××××××××× |
|---|---|---|---|---|---|
| 收款人 | 户　　名 | | 付款人 | 户　　名 | |
| | 卡（账）号 | | | 卡（账）号 | |
| | 地　　区 | | | 地　　区 | |
| | 网　　点 | | | 网　　点 | |
| 币种 | | 人民币 | 钞汇标志 | | 钞 |
| 金额 | | 元 | 手续费 | | 元 |
| 合计 | | 人民币（大写）： | | | ¥　　元 |
| 交易时间 | | 年　月　日　时　分 | 时间戳 | | |
| | | 附言：<br>验证码： | | | |

记账网点　　　　记账柜员　　　　记账日期　　　　年　月　日

## 15. 托收凭证★

**托收凭证**（受理回单）　1

委托日期：　　年　　月　　日

<table>
<tr><td colspan="2">业务类型</td><td colspan="9">委托收款（□邮划、□电划）　　托收承付（□邮划、□电划）</td></tr>
<tr><td rowspan="3">付款人</td><td>全称</td><td colspan="3"></td><td rowspan="3">收款人</td><td>全称</td><td colspan="4"></td></tr>
<tr><td>账号</td><td colspan="3"></td><td>账号</td><td colspan="4"></td></tr>
<tr><td>地址</td><td>省　市县</td><td>开户行</td><td></td><td>地址</td><td>省　市县</td><td>开户行</td><td colspan="2"></td></tr>
<tr><td>金额</td><td colspan="10">人民币（大写）　　亿 千 百 十 万 千 百 十 元 角 分</td></tr>
<tr><td colspan="2">款项内容</td><td></td><td>托收凭据名　　称</td><td colspan="2"></td><td>附寄单证张数</td><td colspan="4"></td></tr>
<tr><td colspan="2">商品发运情况</td><td colspan="4"></td><td>合同名称号码</td><td colspan="4"></td></tr>
<tr><td colspan="3">备注：<br><br>复核　　记账</td><td colspan="3">款项收妥日期：<br><br>年　　月　　日</td><td colspan="5">收款人开户银行签章<br>年　　月　　日</td></tr>
</table>

此联作收款人开户银行给收款人的受理回单

**托收凭证**（贷方凭证） 2

委托日期： 年 月 日

<table>
<tr><td colspan="2">业务类型</td><td colspan="14">委托收款（□邮划、□电划） 托收承付（□邮划、□电划）</td></tr>
<tr><td rowspan="3">付款人</td><td>全称</td><td colspan="3"></td><td rowspan="3">收款人</td><td>全称</td><td colspan="9"></td></tr>
<tr><td>账号</td><td colspan="3"></td><td>账号</td><td colspan="9"></td></tr>
<tr><td>地址</td><td>省 市县</td><td>开户行</td><td></td><td>地址</td><td>省 市县</td><td>开户行</td><td colspan="7"></td></tr>
<tr><td rowspan="2">金额</td><td colspan="4" rowspan="2">人民币<br>（大写）</td><td>亿</td><td>千</td><td>百</td><td>十</td><td>万</td><td>千</td><td>百</td><td>十</td><td>元</td><td>角</td><td>分</td></tr>
<tr><td></td><td></td><td></td><td></td><td></td><td></td><td></td><td></td><td></td><td></td><td></td></tr>
<tr><td>款项内容</td><td colspan="2"></td><td>托收凭据名称</td><td colspan="3"></td><td>附寄单证张数</td><td colspan="8"></td></tr>
<tr><td>商品发运情况</td><td colspan="6"></td><td>合同名称号码</td><td colspan="8"></td></tr>
<tr><td colspan="2">备注：<br>收款人开户银行收到日期<br>年 月 日</td><td colspan="4">上列款项随附有关债务证明，请予办理。<br>收款人签章</td><td colspan="10">复核 记账</td></tr>
</table>

此联收款人开户银行作贷方凭证

**托收凭证**（借方凭证） 3

委托日期： 年 月 日 付款日期 年 月 日

<table>
<tr><td colspan="2">业务类型</td><td colspan="14">委托收款（□邮划、□电划） 托收承付（□邮划、□电划）</td></tr>
<tr><td rowspan="3">付款人</td><td>全称</td><td colspan="3"></td><td rowspan="3">收款人</td><td>全称</td><td colspan="9"></td></tr>
<tr><td>账号</td><td colspan="3"></td><td>账号</td><td colspan="9"></td></tr>
<tr><td>地址</td><td>省 市县</td><td>开户行</td><td></td><td>地址</td><td>省 市县</td><td>开户行</td><td colspan="7"></td></tr>
<tr><td rowspan="2">金额</td><td colspan="4" rowspan="2">人民币<br>（大写）</td><td>亿</td><td>千</td><td>百</td><td>十</td><td>万</td><td>千</td><td>百</td><td>十</td><td>元</td><td>角</td><td>分</td></tr>
<tr><td></td><td></td><td></td><td></td><td></td><td></td><td></td><td></td><td></td><td></td><td></td></tr>
<tr><td>款项内容</td><td colspan="2"></td><td>托收凭据名称</td><td colspan="3"></td><td>附寄单证张数</td><td colspan="8"></td></tr>
<tr><td>商品发运情况</td><td colspan="6"></td><td>合同名称号码</td><td colspan="8"></td></tr>
<tr><td colspan="2">备注：<br>付款人开户银行收到日期<br>年 月 日</td><td colspan="4">收款人开户银行签章<br>年 月 日</td><td colspan="10">复核 记账</td></tr>
</table>

此联付款人开户银行作借方凭证

## 托收凭证（汇款依据或收账通知） 4

委托日期： 年 月 日　　付款日期 年 月 日

| 业务类型 | 委托收款（□邮划、□电划）　托收承付（□邮划、□电划） | | | | | |
|---|---|---|---|---|---|---|
| 付款人 | 全称 | | 收款人 | 全称 | | |
| | 账号 | | | 账号 | | |
| | 地址 | 省 市县 开户行 | | 地址 | 省 市县 开户行 | |

| 金额 | 人民币（大写） | 亿 | 千 | 百 | 十 | 万 | 千 | 百 | 十 | 元 | 角 | 分 |
|---|---|---|---|---|---|---|---|---|---|---|---|---|
| | | | | | | | | | | | | |

| 款项内容 | | 托收凭据名称 | | 附寄单证张数 | |
|---|---|---|---|---|---|
| 商品发运情况 | | | | 合同名称号码 | |
| 备注：<br><br>复核　记账 | | 上列款项已划回收入你方账户内。<br><br>收款人开户银行签章<br>年 月 日 | | | |

此联付款人开户银行凭以汇款或收款人开户银行作收账通知

## 托收凭证（付款通知） 5

委托日期： 年 月 日　　付款日期 年 月 日

| 业务类型 | 委托收款（□邮划、□电划）　托收承付（□邮划、□电划） | | | | | |
|---|---|---|---|---|---|---|
| 付款人 | 全称 | | 收款人 | 全称 | | |
| | 账号 | | | 账号 | | |
| | 地址 | 省 市县 开户行 | | 地址 | 省 市县 开户行 | |

| 金额 | 人民币（大写） | 亿 | 千 | 百 | 十 | 万 | 千 | 百 | 十 | 元 | 角 | 分 |
|---|---|---|---|---|---|---|---|---|---|---|---|---|
| | | | | | | | | | | | | |

| 款项内容 | | 托收凭据名称 | | 附寄单证张数 | |
|---|---|---|---|---|---|
| 商品发运情况 | | | | 合同名称号码 | |
| 备注：<br><br>付款人开户银行收到日期<br>年 月 日<br>复核　记账 | | 付款人开户银行签章<br>年 月 日 | | 付款人注意：<br>1. 根据支付结算办法，上列委托收款（托收承付）款项在付款期限内未提出拒付，即视为同意付款，以此代付款通知。<br>2. 如需提出全部或部分拒付，应在规定期限内，将拒付理由书并附债务证明退交开户银行。 | |

此联付款人开户银行给付款人按期付款通知

说明：10cm×17.5cm，第一联白纸蓝油墨，第二联白纸红油墨，第三联白纸黑油墨，第四联白纸紫油墨，第五联白纸绿油墨。

**16. 现金缴款单**

**现金缴款单**（回单） 1

No. ________________

缴款日期： 年 月 日 编号：

<table>
<tr><td rowspan="2">收款单位</td><td>全称</td><td colspan="12"></td></tr>
<tr><td>开户银行</td><td></td><td>账号</td><td colspan="10"></td></tr>
<tr><td colspan="2">款项来源</td><td></td><td>交款单位</td><td colspan="10"></td></tr>
<tr><td colspan="4" rowspan="2">人民币<br>（大写）：</td><td>千</td><td>百</td><td>十</td><td>万</td><td>千</td><td>百</td><td>十</td><td>元</td><td>角</td><td>分</td></tr>
<tr><td></td><td></td><td></td><td></td><td></td><td></td><td></td><td></td><td></td><td></td></tr>
<tr><td colspan="4">备注：<br><br>交款单位签章</td><td colspan="10"><br><br>收款： 复核：</td></tr>
</table>

**现金缴款单**（贷方凭证） 2

No. ________________

缴款日期： 年 月 日 编号：

<table>
<tr><td rowspan="2">收款单位</td><td>全称</td><td colspan="12"></td></tr>
<tr><td>开户银行</td><td></td><td>账号</td><td colspan="10"></td></tr>
<tr><td colspan="2">款项来源</td><td></td><td>交款单位</td><td colspan="10"></td></tr>
<tr><td colspan="4" rowspan="2">人民币<br>（大写）：</td><td>千</td><td>百</td><td>十</td><td>万</td><td>千</td><td>百</td><td>十</td><td>元</td><td>角</td><td>分</td></tr>
<tr><td></td><td></td><td></td><td></td><td></td><td></td><td></td><td></td><td></td><td></td></tr>
<tr><td colspan="4">备注：<br><br>交款单位签章</td><td colspan="10">科目（借）________________<br>对方科目（贷）____________<br><br>收款： 复核：</td></tr>
</table>

## 17. 银行计付利息清单

**银行　　　省（　　　）计付利息清单（收款通知）**

账号：　　　　　　　　　　　　　　　　　　　　　　年　月　日

| | | | |
|---|---|---|---|
| 单位名称 | | 结算户 | |
| 计息起讫日期 | | | |
| 存款户账号 | 计息总积数 | 利率 | 利息金额 |
| | | | |

你单位上述存款利息
已收入你单位账户
　　此　致
存款单位（银行盖章）

复核　　记账

## 18. 银行计收利息清单

**银行　　　省（　　　）计付利息清单（付款通知）**

账号：　　　　　　　　　　　　　　　　　　　　　　年　月　日

| | | | |
|---|---|---|---|
| 单位名称 | | 结算户 | |
| 计息起讫日期 | | | |
| 存款户账号 | 计息总积数 | 利率 | 利息金额 |
| | | | |

你单位上述应偿借款利息
已从你单位账户中划出
　　此　致
借款单位　（银行盖章）

复核　　记账

## 19. 银行特种转账借方凭证★

**银行特种转账借方凭证**

年　月　日　　　　　　　　凭证号码

<table>
<tr><td rowspan="3">付款人</td><td>全　称</td><td colspan="3"></td><td rowspan="3">收款人</td><td>全　称</td><td colspan="11"></td></tr>
<tr><td>账　号</td><td colspan="3"></td><td>账　号</td><td colspan="11"></td></tr>
<tr><td>开户银行</td><td></td><td>行号</td><td></td><td>开户银行</td><td colspan="3"></td><td>行号</td><td colspan="7"></td></tr>
<tr><td rowspan="2">金额</td><td colspan="6" rowspan="2">人民币<br>（大写）</td><td>亿</td><td>千</td><td>百</td><td>十</td><td>万</td><td>千</td><td>百</td><td>十</td><td>元</td><td>角</td><td>分</td></tr>
<tr><td></td><td></td><td></td><td></td><td></td><td></td><td></td><td></td><td></td><td></td><td></td></tr>
<tr><td colspan="2">原凭证金额</td><td></td><td>赔偿金</td><td colspan="2"></td><td colspan="12" rowspan="2">科目（借）________<br>对方科目（贷）________</td></tr>
<tr><td colspan="2">原凭证名称</td><td></td><td>号码</td><td colspan="2"></td></tr>
<tr><td>转账原因</td><td colspan="5">银行盖章</td><td colspan="12">复核　　记账</td></tr>
</table>

银行给收款人的收款通知　附件　张

## 银行特种转账借方凭证

年　月　日　　　　凭证号码

| 付款人 | | | | 收款人 | | | |
|---|---|---|---|---|---|---|---|
| | 全　称 | | | | 全　称 | | |
| | 账　号 | | | | 账　号 | | |
| | 开户银行 | | 行号 | | 开户银行 | | 行号 |

| 金额 | 人民币（大写） | 亿 | 千 | 百 | 十 | 万 | 千 | 百 | 十 | 元 | 角 | 分 |
|---|---|---|---|---|---|---|---|---|---|---|---|---|
| | | | | | | | | | | | | |

| 原凭证金额 | | 赔偿金 | | 科目（借）________ |
|---|---|---|---|---|
| 原凭证名称 | | 号码 | | 对方科目（贷）________ |
| 转账原因 | 银行盖章 | | | 复核　记账 |

银行代借方凭证　附件　张

20. **银行特种转账贷方凭证★**

## 银行特种转账贷方凭证

年　月　日　　　　凭证号码

| 付款人 | | | | 收款人 | | | |
|---|---|---|---|---|---|---|---|
| | 全　称 | | | | 全　称 | | |
| | 账　号 | | | | 账　号 | | |
| | 开户银行 | | 行号 | | 开户银行 | | 行号 |

| 金额 | 人民币（大写） | 亿 | 千 | 百 | 十 | 万 | 千 | 百 | 十 | 元 | 角 | 分 |
|---|---|---|---|---|---|---|---|---|---|---|---|---|
| | | | | | | | | | | | | |

| 原凭证金额 | | 赔偿金 | | 科目（借）________ |
|---|---|---|---|---|
| 原凭证名称 | | 号码 | | 对方科目（贷）________ |
| 转账原因 | 银行盖章 | | | 复核　记账 |

银行给付款人的支款通知　附件　张

## 银行特种转账贷方凭证

年　月　日　　　　凭证号码

<table>
<tr><td rowspan="3">付款人</td><td>全　称</td><td colspan="3"></td><td rowspan="3">收款人</td><td>全　称</td><td colspan="3"></td></tr>
<tr><td>账　号</td><td colspan="3"></td><td>账　号</td><td colspan="3"></td></tr>
<tr><td>开户银行</td><td></td><td>行号</td><td></td><td>开户银行</td><td></td><td>行号</td><td></td></tr>
<tr><td rowspan="2">金额</td><td colspan="5" rowspan="2">人民币<br>（大写）</td><td colspan="4">亿 千 百 十 万 千 百 十 元 角 分</td></tr>
<tr><td colspan="4"></td></tr>
<tr><td colspan="2">原凭证金额</td><td></td><td>赔偿金</td><td></td><td colspan="5" rowspan="3">科目（借）<br>对方科目（贷）<br><br>复核　　记账</td></tr>
<tr><td colspan="2">原凭证名称</td><td></td><td>号码</td><td></td></tr>
<tr><td>转账原因</td><td colspan="4"><br>银行盖章</td></tr>
</table>

银行代贷方凭证　附件　张

21. 银行业务回单

## ××银行客户回单

年　月　日　　　　流水号：

| | | | |
|---|---|---|---|
| 付款人名称： | | 收款人名称： | |
| 账（卡）号： | | 账（卡）号： | |
| 开户行： | | 开户行： | |
| 金　额（大写） | | | （小写）¥ |
| 凭证种类： | | 凭证号码： | |
| 结算方式： | | | |
| 种类 ： | | | |
| 起息日： | | | |
| 摘要： | | | |
| 交易柜员： | | 交易机构： | |

## 22. 支付宝付款凭证

支付宝付款凭证

| | |
|---|---|
| 支付宝流水： | |
| 对方开户姓名： | |
| 对方银行账号： | |
| 对方实收： | |
| 服务费： | |
| 付款人： | |
| 付款状态： | 付款成功 |
| 付款时间： | 20　　年　　月　　日　　：　　： |
| 入账时间： | 20　　年　　月　　日　　：　　： |

## 23. 采购申请单★

采购申请单

编　号　　　　　　　　　　　　　　　　申请部门　　　　　　　　　　　　　　　　年　月　日

| 序号 | 物品名称 | 规格型号 | 数量 | 估计价格 | 用途 | 需用日期 | 备注 |
|---|---|---|---|---|---|---|---|
| | | | | | | | |
| | | | | | | | |
| | | | | | | | |
| | | | | | | | |
| | | | | | | | |

申请人　　　　　　　　　　　　批准人

说明：本单一式三联，第一联申请部门留存，第二联交采购部，第三联交仓库。备注栏须注明预算内、外。

## 24. 请款单★

请款单

部　门　　　　　　　　　　　　　　年　月　日

| | | |
|---|---|---|
| 请款、请购原因： | | |
| 请款、请购金额（大写） | | ¥____________ |
| 领导审批 | 处长审批 | 科长审批 |

请款人

**25. 增值税专用发票★**

## 省增值税专用发票

No 00000000

记 账 联

机器编号：　　　　开票日期：　　年　月　日

| | | | | |
|---|---|---|---|---|
| 购买方 | 名　　称： | | 密码区 | |
| | 纳税人识别号： | | | |
| | 地 址 、电 话： | | | |
| | 开户行及账号： | | | |

| 货物或应税劳务、服务名称 | 规格型号 | 单位 | 数量 | 单价 | 金额 | 税率 | 税额 |
|---|---|---|---|---|---|---|---|
| | | | | | | | |
| | | | | | | | |
| | | | | | | | |
| 合　计 | | | | | | | |
| 价税合计（大写） | | | | （小写） | | | |

| | | | | |
|---|---|---|---|---|
| 销售方 | 名　　称： | | 备注 | |
| | 纳税人识别号： | | | |
| | 地 址 、电 话： | | | |
| | 开户行及账号： | | | |

收款人：　　　　复核：　　　　开票人：　　　　销售方：（章）

第一联：记账联　销售方核算销售收入和增值税销项税额的记账凭证

## 省增值税专用发票

No 00000000

发 票 联

机器编号：　　　　开票日期：　　年　月　日

| | | | | |
|---|---|---|---|---|
| 购买方 | 名　　称： | | 密码区 | |
| | 纳税人识别号： | | | |
| | 地 址 、电 话： | | | |
| | 开户行及账号： | | | |

| 货物或应税劳务、服务名称 | 规格型号 | 单位 | 数量 | 单价 | 金额 | 税率 | 税额 |
|---|---|---|---|---|---|---|---|
| | | | | | | | |
| | | | | | | | |
| | | | | | | | |
| 合　计 | | | | | | | |
| 价税合计（大写） | | | | （小写） | | | |

| | | | | |
|---|---|---|---|---|
| 销售方 | 名　　称： | | 备注 | |
| | 纳税人识别号： | | | |
| | 地 址 、电 话： | | | |
| | 开户行及账号： | | | |

收款人：　　　　复核：　　　　开票人：　　　　销售方：（章）

第二联：发票联　购买方核算采购成本和增值税进项税额的记账凭证

**省增值税专用发票**

抵 扣 联

No 00000000

机器编号：　　　　　　　　开票日期：　　　　年　　月　　日

<table>
<tr><td rowspan="4">购买方</td><td>名　　称：</td><td colspan="4"></td><td rowspan="4">密码区</td><td colspan="3" rowspan="4"></td></tr>
<tr><td>纳税人识别号：</td><td colspan="4"></td></tr>
<tr><td>地 址 、电 话：</td><td colspan="4"></td></tr>
<tr><td>开户行及账号：</td><td colspan="4"></td></tr>
<tr><td colspan="2">货物或应税劳务、服务名称</td><td>规格型号</td><td>单位</td><td>数量</td><td>单价</td><td>金额</td><td>税率</td><td>税额</td><td></td></tr>
<tr><td colspan="2"></td><td></td><td></td><td></td><td></td><td></td><td></td><td></td><td></td></tr>
<tr><td colspan="2"></td><td></td><td></td><td></td><td></td><td></td><td></td><td></td><td></td></tr>
<tr><td colspan="2"></td><td></td><td></td><td></td><td></td><td></td><td></td><td></td><td></td></tr>
<tr><td colspan="2">合　计</td><td></td><td></td><td></td><td></td><td></td><td></td><td></td><td></td></tr>
<tr><td colspan="2">价税合计（大写）</td><td colspan="8">（小写）</td></tr>
<tr><td rowspan="4">销售方</td><td>名　　称：</td><td colspan="4"></td><td rowspan="4">备注</td><td colspan="3" rowspan="4"></td></tr>
<tr><td>纳税人识别号：</td><td colspan="4"></td></tr>
<tr><td>地 址 、电 话：</td><td colspan="4"></td></tr>
<tr><td>开户行及账号：</td><td colspan="4"></td></tr>
</table>

收款人：　　　　复核：　　　　开票人：　　　　销售方：（章）

第三联：抵扣联　购买方报送主管税务机关认证和留存备查

说明：第一联白纸绿油墨，第二联白纸褐油墨，第三联白纸红油墨。规格：24cm×14cm。

## 26. 增值税普通发票★

**省增值税普通发票**

记 账 联

No 00000000

机器编号：　　　　　　　　开票日期：　　　　年　　月　　日

<table>
<tr><td rowspan="4">购买方</td><td>名　　称：</td><td colspan="4"></td><td rowspan="4">密码区</td><td colspan="3" rowspan="4"></td></tr>
<tr><td>纳税人识别号：</td><td colspan="4"></td></tr>
<tr><td>地 址 、电 话：</td><td colspan="4"></td></tr>
<tr><td>开户行及账号：</td><td colspan="4"></td></tr>
<tr><td colspan="2">货物或应税劳务、服务名称</td><td>规格型号</td><td>单位</td><td>数量</td><td>单价</td><td>金额</td><td>税率</td><td>税额</td><td></td></tr>
<tr><td colspan="2"></td><td></td><td></td><td></td><td></td><td></td><td></td><td></td><td></td></tr>
<tr><td colspan="2"></td><td></td><td></td><td></td><td></td><td></td><td></td><td></td><td></td></tr>
<tr><td colspan="2"></td><td></td><td></td><td></td><td></td><td></td><td></td><td></td><td></td></tr>
<tr><td colspan="2">合　计</td><td></td><td></td><td></td><td></td><td></td><td></td><td></td><td></td></tr>
<tr><td colspan="2">价税合计（大写）</td><td colspan="8">（小写）</td></tr>
<tr><td rowspan="4">销售方</td><td>名　　称：</td><td colspan="4"></td><td rowspan="4">备注</td><td colspan="3" rowspan="4"></td></tr>
<tr><td>纳税人识别号：</td><td colspan="4"></td></tr>
<tr><td>地 址 、电 话：</td><td colspan="4"></td></tr>
<tr><td>开户行及账号：</td><td colspan="4"></td></tr>
</table>

收款人：　　　　复核：　　　　开票人：　　　　销售方：（章）

第一联：记账联　销售方核算销售收入和增值税销项税额的记账凭证

## 省增值税普通发票

No 00000000

发 票 联

机器编号：　　　　　　　　　　开票日期：　　　年　月　日

| | | | | | | | | |
|---|---|---|---|---|---|---|---|---|
| 购买方 | 名　　称： | | | | 密码区 | | | |
| | 纳税人识别号： | | | | | | | |
| | 地 址 、电 话： | | | | | | | |
| | 开户行及账号： | | | | | | | |
| 货物或应税劳务、服务名称 | | 规格型号 | 单位 | 数量 | 单价 | 金额 | 税率 | 税额 |
| | | | | | | | | |
| | | | | | | | | |
| | | | | | | | | |
| 合　计 | | | | | | | | |
| 价税合计（大写） | | | | | | （小写） | | |
| 销售方 | 名　　称： | | | | 备注 | | | |
| | 纳税人识别号： | | | | | | | |
| | 地 址 、电 话： | | | | | | | |
| | 开户行及账号： | | | | | | | |

收款人：　　　　　复核：　　　　　开票人：　　　　　销售方：（章）

第二联：发票联　购买方核算采购成本和增值税进项税额的记账凭证

说明：第一联白纸绿油墨，第二联白纸褐油墨。规格：24cm×14cm。

### 27. 销货清单★

## 省　　市（县）销货清单

存 根 联

年　月　日　　客户：　　　　　　地址：

| 货号 | 品名 | 产地 | 单位 | 数量 | 单价 | 折扣率 | 金额 | | | | | | | |
|---|---|---|---|---|---|---|---|---|---|---|---|---|---|---|
| | | | | | | | 十 | 万 | 千 | 百 | 十 | 元 | 角 | 分 |
| | | | | | | | | | | | | | | |
| | | | | | | | | | | | | | | |
| | | | | | | | | | | | | | | |
| 合计金额（大写）　拾　万　仟　佰　拾　元　角　分 | | | | | | | | | | | | | | |
| 单位成本 | | 成本金额 | | 零售价格 | | 备注 | | | | | | | | |
| 提货地点 | | | | 限　天内提货有效 | | | | | | | | | | |

开票人　　　收款人　　　　发货人　　　　收款单位章（未盖章无效）

①销售方存根备查

## 省　市（县）　销货清单

发　票　附　件　联

年　月　日　　客户：　　　　地址：

| 货号 | 品名 | 产地 | 单位 | 数量 | 单价 | 折扣率 | 金额 | | | | | | | |
|---|---|---|---|---|---|---|---|---|---|---|---|---|---|---|
| | | | | | | | 十 | 万 | 千 | 百 | 十 | 元 | 角 | 分 |
| | | | | | | | | | | | | | | |
| | | | | | | | | | | | | | | |
| | | | | | | | | | | | | | | |
| 合计金额（大写）　拾　万　仟　佰　拾　元　角　分 | | | | | | | | | | | | | | |
| 单位成本 | | 成本金额 | | 零售价格 | | 备注 | | | | | | | | |
| 提货地点 | | | | 限　天内提货有效 | | | | | | | | | | |

开票人　　收款人　　发货人　　收款单位章（未盖章无效）

②销售方会计记账

## 省　市（县）　销货清单

提　货　联

年　月　日　　客户：　　　　地址：

| 货号 | 品名 | 产地 | 单位 | 数量 | 单价 | 折扣率 | 金额 | | | | | | | |
|---|---|---|---|---|---|---|---|---|---|---|---|---|---|---|
| | | | | | | | 十 | 万 | 千 | 百 | 十 | 元 | 角 | 分 |
| | | | | | | | | | | | | | | |
| | | | | | | | | | | | | | | |
| | | | | | | | | | | | | | | |
| 合计金额（大写）　拾　万　仟　佰　拾　元　角　分 | | | | | | | | | | | | | | |
| 单位成本 | | 成本金额 | | 零售价格 | | 备注 | | | | | | | | |
| 提货地点 | | | | 限　天内提货有效 | | | | | | | | | | |

开票人　　收款人　　发货人　　收款单位章（未盖章无效）

③购货方凭以提货

## 28. 收款收据★

### 收 款 收 据

年 月 日　　　　编号

| | | | |
|---|---|---|---|
| 交款单位 | | | |
| 摘　要 | | | |
| 人民币（大写） | | | ¥ |
| 收款单位（盖章） | | 备注 | |

第一联　收款联

主管　　　　会计　　　　出纳

---

### 收 款 收 据

年 月 日　　　　编号

| | | | |
|---|---|---|---|
| 交款单位 | | | |
| 摘　要 | | | |
| 人民币（大写） | | | ¥ |
| 收款单位（盖章） | | 备注 | |

第二联　记账联

主管　　　　会计　　　　出纳

---

### 收 款 收 据

年 月 日　　　　编号

| | | | |
|---|---|---|---|
| 交款单位 | | | |
| 摘　要 | | | |
| 人民币（大写） | | | ¥ |
| 收款单位（盖章） | | 备注 | |

第三联　存根联

主管　　　　会计　　　　出纳

**29. 差旅费报销单**

## 差旅费报销单

部门　　　　　　　　　　　　　　　　　　填报日期　　　年　月　日

| 姓名 | | | | | | 出差事由 | | | | | | 出差日期 | 自　年　月　日<br>至　年　月　日　共　天 | | | | | |
|---|---|---|---|---|---|---|---|---|---|---|---|---|---|---|---|---|---|---|
| 起讫时间及地点 | | | | | | 车船费 | | 夜间乘车补助费 | | | 出差补助费 | | | 住宿费 | | | 其他 | |
| 月 | 日 | 起 | 月 | 日 | 讫 | 类别 | 金额 | 时间 | 标准 | 金额 | 日数 | 标准 | 金额 | 日数 | 标准 | 金额 | 摘要 | 金额 |
| | | | | | | | | 小时 | % | | | | | | | | | |
| | | | | | | | | 小时 | % | | | | | | | | | |
| | | | | | | | | 小时 | % | | | | | | | | | |
| | | | | | | | | 小时 | % | | | | | | | | | |
| | | | | | | | | 小时 | % | | | | | | | | | |
| | | | | | | | | 小时 | % | | | | | | | | | |
| 小计 | | | | | | | | | | | | | | | | | | |
| 共计金额（大写）　仟　佰　拾　元　角　分 | | | | | | | | | | | 预支______核销______退补____ | | | | | | | |

附单据共　张

主管　　　　　　部门　　　　　　审核　　　　　　填报人

**30. 费用报销单★**

## ______费报销单

| | |
|---|---|
| 扣预付 | |
| 实付 | |
| 保质金 | |

单位名称　　　　　　　　　　　　　　　年　月　日

| 摘　要 | 会计科目（或代码） | 金额 | | | | | | | |
|---|---|---|---|---|---|---|---|---|---|
| | | 十 | 万 | 千 | 百 | 十 | 元 | 角 | 分 |
| | | | | | | | | | |
| | | | | | | | | | |
| | | | | | | | | | |
| | | | | | | | | | |
| | | | | | | | | | |
| 合计金额（大写） | ¥：________（转账：______）<br>（现金：______） | | | | | | | | |

附单据　张

主管　　　　　　审核　　　　　　填报人签字　　　　　　制单

## 31. 工会经费缴款书

### 行政拨交工会经费缴款书

缴款单位

电　话　　　　　　　　　　　缴款日期　　　年　　月　　日　　　　　　　　　字第　　号

| 所属月份 | | 职工人数 | | 本月工资总额 | | 按2%计应拨交经费 | |
|---|---|---|---|---|---|---|---|

| 收入基层工会　工会费户 | | 上解上级工会　工会费户 | | 缴款单位 | |
|---|---|---|---|---|---|
| 户 名 | | 户 名 | | 户 名 | |
| 账 号 | | 账 号 | | 账 号 | |
| 开户行 | | 开户行 | | | |

| 比例 | 万 | 千 | 百 | 十 | 元 | 角 | 分 | 比例 | 万 | 千 | 百 | 十 | 元 | 角 | 分 | 合计 | 十 | 万 | 千 | 百 | 十 | 元 | 角 | 分 |
|---|---|---|---|---|---|---|---|---|---|---|---|---|---|---|---|---|---|---|---|---|---|---|---|---|
| | | | | | | | | | | | | | | | | | | | | | | | | |

| 合计金额人民币（大写） | | 上列款项已划转有关工会账户 |
|---|---|---|
| 缴款单位盖章：<br>年　月　日 | 工会委员盖章：<br>年　月　日 | 银行盖章 |

第一联　由银行退缴款单位作回单

---

### 行政拨交工会经费缴款书

缴款单位

电　话　　　　　　　　　　　缴款日期　　　年　　月　　日　　　　　　　　　字第　　号

| 所属月份 | | 职工人数 | | 本月工资总额 | | 按2%计应拨交经费 | |
|---|---|---|---|---|---|---|---|

| 收入基层工会　工会费户 | | 上解上级工会　工会费户 | | 缴款单位 | |
|---|---|---|---|---|---|
| 户 名 | | 户 名 | | 户 名 | |
| 账 号 | | 账 号 | | 账 号 | |
| 开户行 | | 开户行 | | | |

| 比例 | 万 | 千 | 百 | 十 | 元 | 角 | 分 | 比例 | 万 | 千 | 百 | 十 | 元 | 角 | 分 | 合计 | 十 | 万 | 千 | 百 | 十 | 元 | 角 | 分 |
|---|---|---|---|---|---|---|---|---|---|---|---|---|---|---|---|---|---|---|---|---|---|---|---|---|
| | | | | | | | | | | | | | | | | | | | | | | | | |

| 合计金额人民币（大写） | | 上列款项已划转有关工会账户 |
|---|---|---|
| 缴款单位盖章：<br>年　月　日 | 工会委员盖章：<br>年　月　日 | 银行盖章 |

第二联　银行借方凭证附件

**32. 社会保险金、公积金汇缴书**

## 省　金汇缴书

年　月　日　　　　　　　　附清册　张

<table>
<tr><td colspan="2">单位名称</td><td colspan="3"></td><td colspan="3">□汇缴：　　年　　月</td></tr>
<tr><td colspan="2">公积金账号</td><td colspan="3"></td><td colspan="3">□汇缴：　　人数　　人</td></tr>
<tr><td colspan="6" rowspan="2">缴交金额<br>（大写）</td><td colspan="2">十 万 千 百 十 元 角 分</td></tr>
<tr><td colspan="2"></td></tr>
<tr><td colspan="2">上月汇缴</td><td colspan="2">本月增加汇缴</td><td colspan="2">本月减少汇缴</td><td colspan="2">本月汇缴</td></tr>
<tr><td>人　数</td><td>金　额</td><td>人　数</td><td>金　额</td><td>人　数</td><td>金　额</td><td>人　数</td><td>金　额</td></tr>
<tr><td></td><td></td><td></td><td></td><td></td><td></td><td></td><td></td></tr>
<tr><td>付款行</td><td>付款账号</td><td>支票号码</td><td colspan="5" rowspan="3"><br><br>银行盖章</td></tr>
<tr><td></td><td></td><td></td></tr>
</table>

审核　　　　　　　　制单

第一联　银行盖章后交单位记账

## 省　金汇缴书

年　月　日　　　　　　　　附清册　张

<table>
<tr><td colspan="2">单位名称</td><td colspan="3"></td><td colspan="3">□汇缴：　　年　　月</td></tr>
<tr><td colspan="2">公积金账号</td><td colspan="3"></td><td colspan="3">□汇缴：　　人数　　人</td></tr>
<tr><td colspan="6" rowspan="2">缴交金额<br>（大写）</td><td colspan="2">十 万 千 百 十 元 角 分</td></tr>
<tr><td colspan="2"></td></tr>
<tr><td colspan="2">上月汇缴</td><td colspan="2">本月增加汇缴</td><td colspan="2">本月减少汇缴</td><td colspan="2">本月汇缴</td></tr>
<tr><td>人　数</td><td>金　额</td><td>人　数</td><td>金　额</td><td>人　数</td><td>金　额</td><td>人　数</td><td>金　额</td></tr>
<tr><td></td><td></td><td></td><td></td><td></td><td></td><td></td><td></td></tr>
<tr><td>付款行</td><td>付款账号</td><td>支票号码</td><td colspan="5" rowspan="3"><br><br>银行盖章</td></tr>
<tr><td></td><td></td><td></td></tr>
</table>

审核　　　　　　　　制单

第二联　银行借方凭证附件

## 33. 贷款还款凭证

**(流动资金贷款）还款凭证**（回　单）

原借款凭证
单位编号　　　　　　　　日期　　　年　　月　　日　　　　原借款凭证银行编号

<table>
<tr><td rowspan="3">付款人</td><td>名　称</td><td colspan="3"></td><td rowspan="3">借款人</td><td>名　称</td><td colspan="10"></td></tr>
<tr><td>往来户账号</td><td colspan="3"></td><td>放款户账号</td><td colspan="10"></td></tr>
<tr><td>开户银行</td><td colspan="3"></td><td>开户银行</td><td colspan="10"></td></tr>
<tr><td colspan="2">计划还款日期</td><td colspan="3">年　　月　　日</td><td colspan="2">还款次序</td><td colspan="10">第　　次还款</td></tr>
<tr><td colspan="2" rowspan="2">借款金额</td><td colspan="5" rowspan="2">人民币：<br>（大写）</td><td>千</td><td>百</td><td>十</td><td>万</td><td>千</td><td>百</td><td>十</td><td>元</td><td>角</td><td>分</td></tr>
<tr><td></td><td></td><td></td><td></td><td></td><td></td><td></td><td></td><td></td><td></td></tr>
<tr><td colspan="2">还款内容</td><td colspan="15"></td></tr>
<tr><td colspan="4">备注</td><td colspan="13">上述借款已从借款单位往来账户内转还 此致借款单位<br>（银行盖章）　　年　月　日</td></tr>
</table>

审核　　　　　　　　制单

**(流动资金贷款）还款凭证**（银行借方凭证附件）

原借款凭证
单位编号　　　　　　　　日期　　　年　　月　　日　　　　原借款凭证银行编号

<table>
<tr><td rowspan="3">付款人</td><td>名　称</td><td colspan="3"></td><td rowspan="3">借款人</td><td>名　称</td><td colspan="10"></td></tr>
<tr><td>往来户账号</td><td colspan="3"></td><td>放款户账号</td><td colspan="10"></td></tr>
<tr><td>开户银行</td><td colspan="3"></td><td>开户银行</td><td colspan="10"></td></tr>
<tr><td colspan="2">计划还款日期</td><td colspan="3">年　　月　　日</td><td colspan="2">还款次序</td><td colspan="10">第　　次还款</td></tr>
<tr><td colspan="2" rowspan="2">借款金额</td><td colspan="5" rowspan="2">人民币：<br>（大写）</td><td>千</td><td>百</td><td>十</td><td>万</td><td>千</td><td>百</td><td>十</td><td>元</td><td>角</td><td>分</td></tr>
<tr><td></td><td></td><td></td><td></td><td></td><td></td><td></td><td></td><td></td><td></td></tr>
<tr><td colspan="2">还款内容</td><td colspan="15"></td></tr>
<tr><td colspan="4">备注</td><td colspan="13">上述借款已从借款单位往来账户内转还 此致借款单位<br>（银行盖章）　　年　月　日</td></tr>
</table>

审核　　　　　　　　制单

## 34. 企业所得税年度纳税申报表（部分表格）

企业所得税年度纳税申报表填报表单

| 表单编号 | 表单名称 | 是否填报 |
|---|---|---|
| A000000 | 企业所得税年度纳税申报基础信息表 | √ |
| A100000 | 中华人民共和国企业所得税年度纳税申报表（A类） | √ |
| A101010 | 一般企业收入明细表 | □ |
| A101020 | 金融企业收入明细表 | □ |
| A102010 | 一般企业成本支出明细表 | □ |
| A102020 | 金融企业支出明细表 | □ |
| A103000 | 事业单位、民间非营利组织收入、支出明细表 | □ |
| A104000 | 期间费用明细表 | □ |
| A105000 | 纳税调整项目明细表 | □ |
| A105010 | 视同销售和房地产开发企业特定业务纳税调整明细表 | □ |
| A105020 | 未按权责发生制确认收入纳税调整明细表 | □ |
| A105030 | 投资收益纳税调整明细表 | □ |
| A105040 | 专项用途财政性资金纳税调整明细表 | □ |
| A105050 | 职工薪酬支出及纳税调整明细表 | □ |
| A105060 | 广告费和业务宣传费跨年度纳税调整明细表 | □ |
| A105070 | 捐赠支出及纳税调整明细表 | □ |
| A105080 | 资产折旧、摊销及纳税调整明细表 | □ |
| A105090 | 资产损失税前扣除及纳税调整明细表 | □ |
| A105100 | 企业重组及递延纳税事项纳税调整明细表 | □ |
| A105110 | 政策性搬迁纳税调整明细表 | □ |
| A105120 | 贷款损失准备金及纳税调整明细表 | □ |
| A106000 | 企业所得税弥补亏损明细表 | □ |
| A107010 | 免税、减计收入及加计扣除优惠明细表 | □ |
| A107011 | 符合条件的居民企业之间的股息、红利等权益性投资收益优惠明细表 | □ |
| A107012 | 研发费用加计扣除优惠明细表 | □ |
| A107020 | 所得减免优惠明细表 | □ |
| A107030 | 抵扣应纳税所得额明细表 | □ |
| A107040 | 减免所得税优惠明细表 | □ |
| A107041 | 高新技术企业优惠情况及明细表 | □ |
| A107042 | 软件、集成电路企业优惠情况及明细表 | □ |
| A107050 | 税额抵免优惠明细表 | □ |
| A108000 | 境外所得税收抵免明细表 | □ |
| A108010 | 境外所得纳税调整后所得明细表 | □ |
| A108020 | 境外分支机构弥补亏损明细表 | □ |
| A108030 | 跨年度结转抵免境外所得税明细表 | □ |
| A109000 | 跨地区经营汇总纳税企业年度分摊企业所得税明细表 | □ |
| A109010 | 企业所得税汇总纳税分支机构所得税分配表 | □ |

说明：企业应当根据实际情况选择需要填报的表单。

**A000000**

# 企业基础信息表

| 基本经营情况（必填项目） | | | |
|---|---|---|---|
| 101 纳税申报企业类型（填写代码） | | 102 分支机构就地纳税比例（%） | |
| 103 资产总额（填写平均值，单位：万元） | | 104 从业人数（填写平均值，单位：人） | |
| 105 所属国民经济行业（填写代码） | | 106 从事国家限制或禁止行业 | □是　□否 |
| 107 适用会计准则或会计制度（填写代码） | | 108 采用一般企业财务报表格式（2019年版） | □是　□否 |
| 109 小型微利企业 | □是　□否 | 110 上市公司 | 是（□境内　□境外）□否 |

| 有关涉税事项情况（存在或者发生下列事项时必填） | | | |
|---|---|---|---|
| 201 从事股权投资业务 | □是 | 202 存在境外关联交易 | □是 |
| 203 境外所得信息 | 203-1 选择采用的境外所得抵免方式 | 分国（地区）不分项　不分国（地区）不分项 | |
| | 203-2 海南自由贸易港新增境外直接投资信息 | □是（产业类别：□旅游业□现代服务业□高新技术产业） | |
| 204 有限合伙制创业投资企业的法人合伙人 | □是 | 205 创业投资企业 | □是 |
| 206 技术先进型服务企业类型（填写代码） | | 207 非营利组织 | □是 |
| 208 软件、集成电路企业类型（填写代码） | | 209 集成电路生产项目类型 | □ 130 纳米<br>□65 纳米<br>□28 纳米 |
| 210 科技型中小企业 | 210-1 __年（申报所属期年度）入库编号 1 | | 210-2 入库时间 1 |
| | 210-3 __年（所属期下一年度）入库编号 2 | | 210-4 入库时间 2 |
| 211 高新技术企业申报所属期年度有效的高新技术企业证书 | 211-1 证书编号 1 | | 211-2 发证时间 1 |
| | 211-3 证书编号 2 | | 211-4 发证时间 2 |
| 212 重组事项税务处理方式 | □一般性□特殊性 | 213 重组交易类型（填写代码） | |
| 214 重组当事方类型（填写代码） | | 215 政策性搬迁开始时间 | ____年__月 |
| 216 发生政策性搬迁且停止生产经营无所得年度 | □是 | 217 政策性搬迁损失分期扣除年度 | □是 |
| 218 发生非货币性资产对外投资递延纳税事项 | □是 | 219 非货币性资产对外投资转让所得递延纳税年度 | □是 |
| 220 发生技术成果投资入股递延纳税事项 | □是 | 221 技术成果投资入股递延纳税年度 | □是 |
| 222 发生资产（股权）划转特殊性税务处理事项 | □是 | 223 债务重组所得递延纳税年度 | □是 |

| 主要股东及分红情况（必填项目） | | | | | |
|---|---|---|---|---|---|
| 股东名称 | 证件种类 | 证件号码 | 投资比例 | 当年（决议日）分配的股息、红利等权益性投资收益金额 | 国籍（注册地址） |
| | | | | | |
| | | | | | |
| | | | | | |
| | | | | | |
| | | | | | |
| | | | | | |
| | | | | | |
| | | | | | |
| | | | | | |
| | | | | | |
| 其余股东合计 | — | — | | | — |

**A100000　　　　中华人民共和国企业所得税年度纳税申报表（A 类）**

| 行次 | 类别 | 项目 | 金额 |
| --- | --- | --- | --- |
| 1 | 利润总额计算 | 一、营业收入（填写 A101010＼101020＼103000） | |
| 2 | | 减：营业成本（填写 A102010＼102020＼103000） | |
| 3 | | 减：税金及附加 | |
| 4 | | 减：销售费用（填写 A104000） | |
| 5 | | 减：管理费用（填写 A104000） | |
| 6 | | 减：财务费用（填写 A104000） | |
| 7 | | 减：资产减值损失 | |
| 8 | | 加：公允价值变动收益 | |
| 9 | | 加：投资收益 | |
| 10 | | 二、营业利润（1－2－3－4－5－6－7＋8＋9） | |
| 11 | | 加：营业外收入（填写 A101010＼101020＼103000） | |
| 12 | | 减：营业外支出（填写 A102010＼102020＼103000） | |
| 13 | | 三、利润总额（10＋11－12） | |
| 14 | 应纳税所得额计算 | 减：境外所得（填写 A108010） | |
| 15 | | 加：纳税调整增加额（填写 A105000） | |
| 16 | | 减：纳税调整减少额（填写 A105000） | |
| 17 | | 减：免税、减计收入及加计扣除（填写 A107010） | |
| 18 | | 加：境外应税所得抵减境内亏损（填写 A108000） | |
| 19 | | 四、纳税调整后所得（13－14＋15－16－17＋18） | |
| 20 | | 减：所得减免（填写 A107020） | |
| 21 | | 减：弥补以前年度亏损（填写 A106000） | |
| 22 | | 减：抵扣应纳税所得额（填写 A107030） | |
| 23 | | 五、应纳税所得额（19－20－21－22） | |
| 24 | 应纳税额计算 | 税率（25%） | |
| 25 | | 六、应纳所得税额（23×24） | |
| 26 | | 减：减免所得税额（填写 A107040） | |
| 27 | | 减：抵免所得税额（填写 A107050） | |
| 28 | | 七、应纳税额（25－26－27） | |
| 29 | | 加：境外所得应纳所得税额（填写 A108000） | |
| 30 | | 减：境外所得抵免所得税额（填写 A108000） | |
| 31 | | 八、实际应纳所得税额（28＋29－30） | |
| 32 | | 减：本年累计实际已缴纳的所得税额 | |
| 33 | | 九、本年应补（退）所得税额（31－32） | |
| 34 | | 其中：总机构分摊本年应补（退）所得税额（填写 A109000） | |
| 35 | | 财政集中分配本年应补（退）所得税额（填写 A109000） | |
| 36 | | 总机构主体生产经营部门分摊本年应补（退）所得税额（填写 A109000） | |

**A101010** 一般企业收入明细表

| 行次 | 项目 | 金额 |
| --- | --- | --- |
| 1 | 一、营业收入（2+9） | |
| 2 | （一）主营业务收入（3+5+6+7+8） | |
| 3 | 1. 销售商品收入 | |
| 4 | 其中：非货币性资产交换收入 | |
| 5 | 2. 提供劳务收入 | |
| 6 | 3. 建造合同收入 | |
| 7 | 4. 让渡资产使用权收入 | |
| 8 | 5. 其他 | |
| 9 | （二）其他业务收入（10+12+13+14+15） | |
| 10 | 1. 销售材料收入 | |
| 11 | 其中：非货币性资产交换收入 | |
| 12 | 2. 出租固定资产收入 | |
| 13 | 3. 出租无形资产收入 | |
| 14 | 4. 出租包装物和商品收入 | |
| 15 | 5. 其他 | |
| 16 | 二、营业外收入（17+18+19+20+21+22+23+24+25+26） | |
| 17 | （一）非流动资产处置利得 | |
| 18 | （二）非货币性资产交换利得 | |
| 19 | （三）债务重组利得 | |
| 20 | （四）政府补助利得 | |
| 21 | （五）盘盈利得 | |
| 22 | （六）捐赠利得 | |
| 23 | （七）罚没利得 | |
| 24 | （八）确实无法偿付的应付款项 | |
| 25 | （九）汇兑收益 | |
| 26 | （十）其他 | |

A102010　　一般企业成本支出明细表

| 行次 | 项目 | 金额 |
| --- | --- | --- |
| 1 | 一、营业成本（2+9） | |
| 2 | （一）主营业务成本（3+5+6+7+8） | |
| 3 | 1. 销售商品成本 | |
| 4 | 其中：非货币性资产交换成本 | |
| 5 | 2. 提供劳务成本 | |
| 6 | 3. 建造合同成本 | |
| 7 | 4. 让渡资产使用权成本 | |
| 8 | 5. 其他 | |
| 9 | （二）其他业务成本（10+12+13+14+15） | |
| 10 | 1. 销售材料成本 | |
| 11 | 其中：非货币性资产交换成本 | |
| 12 | 2. 出租固定资产成本 | |
| 13 | 3. 出租无形资产成本 | |
| 14 | 4. 包装物出租成本 | |
| 15 | 5. 其他 | |
| 16 | 二、营业外支出（17+18+19+20+21+22+23+24+25+26） | |
| 17 | （一）非流动资产处置损失 | |
| 18 | （二）非货币性资产交换损失 | |
| 19 | （三）债务重组损失 | |
| 20 | （四）非常损失 | |
| 21 | （五）捐赠支出 | |
| 22 | （六）赞助支出 | |
| 23 | （七）罚没支出 | |
| 24 | （八）坏账损失 | |
| 25 | （九）无法收回的债券股权投资损失 | |
| 26 | （十）其他 | |

**A104000**

## 期间费用明细表

| 行次 | 项目 | 销售费用 | 其中：境外支付 | 管理费用 | 其中：境外支付 | 财务费用 | 其中：境外支付 |
|---|---|---|---|---|---|---|---|
| | | 1 | 2 | 3 | 4 | 5 | 6 |
| 1 | 一、职工薪酬 | | * | | * | * | * |
| 2 | 二、劳务费 | | | | | * | * |
| 3 | 三、咨询顾问费 | | | | | * | * |
| 4 | 四、业务招待费 | | * | | * | * | * |
| 5 | 五、广告费和业务宣传费 | | * | | * | * | * |
| 6 | 六、佣金和手续费 | | | | | | |
| 7 | 七、资产折旧摊销费 | | * | | * | * | * |
| 8 | 八、财产损耗、盘亏及毁损损失 | | * | | * | * | * |
| 9 | 九、办公费 | | * | | * | * | * |
| 10 | 十、董事会费 | | * | | * | * | * |
| 11 | 十一、租赁费 | | | | | * | * |
| 12 | 十二、诉讼费 | | * | | * | * | * |
| 13 | 十三、差旅费 | | * | | * | * | * |
| 14 | 十四、保险费 | | * | | * | * | * |
| 15 | 十五、运输、仓储费 | | | | | * | * |
| 16 | 十六、修理费 | | | | | * | * |
| 17 | 十七、包装费 | | * | | * | * | * |
| 18 | 十八、技术转让费 | | | | | * | * |
| 19 | 十九、研究费用 | | | | | * | * |
| 20 | 二十、各项税费 | | * | | * | * | * |
| 21 | 二十一、利息收支 | * | * | * | * | | |
| 22 | 二十二、汇兑差额 | * | * | * | * | | |
| 23 | 二十三、现金折扣 | * | * | * | * | | * |
| 24 | 二十四、党组织工作经费 | * | * | | * | * | * |
| 25 | 二十五、其他 | | | | | | |
| 26 | 合计（1+2+3+…+25） | | | | | | |

**A105000** 纳税调整项目明细表

| 行次 | 项　　　目 | 账载金额 | 税收金额 | 调增金额 | 调减金额 |
|---|---|---|---|---|---|
| | | 1 | 2 | 3 | 4 |
| 1 | 一、收入类调整项目（2＋3＋…＋8＋10＋11） | * | * | | |
| 2 | （一）视同销售收入（填写 A105010） | * | | | * |
| 3 | （二）未按权责发生制原则确认的收入（填写 A105020） | | | | |
| 4 | （三）投资收益（填写 A105030） | | | | |
| 5 | （四）按权益法核算长期股权投资对初始投资成本调整确认收益 | * | * | * | |
| 6 | （五）交易性金融资产初始投资调整 | * | * | | * |
| 7 | （六）公允价值变动净损益 | | * | | |
| 8 | （七）不征税收入 | * | * | | |
| 9 | 其中：专项用途财政性资金（填写 A105040） | * | * | | |
| 10 | （八）销售折扣、折让和退回 | | | | |
| 11 | （九）其他 | | | | |
| 12 | 二、扣除类调整项目（13＋14＋…＋24＋26＋27＋28＋29＋30） | * | * | | |
| 13 | （一）视同销售成本（填写 A105010） | * | | * | |
| 14 | （二）职工薪酬（填写 A105050） | | | | |
| 15 | （三）业务招待费支出 | | | | * |
| 16 | （四）广告费和业务宣传费支出（填写 A105060） | * | * | | |
| 17 | （五）捐赠支出（填写 A105070） | | | | |
| 18 | （六）利息支出 | | | | |
| 19 | （七）罚金、罚款和被没收财物的损失 | | * | | * |
| 20 | （八）税收滞纳金、加收利息 | | * | | * |
| 21 | （九）赞助支出 | | * | | * |
| 22 | （十）与未实现融资收益相关在当期确认的财务费用 | | | | |
| 23 | （十一）佣金和手续费支出（保险企业填写 A105060） | | | | * |
| 24 | （十二）不征税收入用于支出所形成的费用 | * | * | | * |
| 25 | 其中：专项用途财政性资金用于支出所形成的费用（填写 A105040） | * | * | | * |
| 26 | （十三）跨期扣除项目 | | | | |
| 27 | （十四）与取得收入无关的支出 | | * | | * |
| 28 | （十五）境外所得分摊的共同支出 | * | * | | * |
| 29 | （十六）党组织工作经费 | | | | |
| 30 | （十七）其他 | | | | |
| 31 | 三、资产类调整项目（32＋33＋34＋35） | * | * | | |
| 32 | （一）资产折旧、摊销（填写 A105080） | | | | |
| 33 | （二）资产减值准备金 | | * | | |
| 34 | （三）资产损失（填写 A105090） | | | | |
| 35 | （四）其他 | | | | |
| 36 | 四、特殊事项调整项目（37＋38＋…＋42） | * | * | | |
| 37 | （一）企业重组及递延纳税事项（填写 A105100） | | | | |
| 38 | （二）政策性搬迁（填写 A105110） | * | * | | |
| 39 | （三）特殊行业准备金（39.1＋39.2＋39.4＋39.5＋39.6＋39.7） | | | | |
| 39.1 | 1. 保险公司保险保障基金 | | | | |
| 39.2 | 2. 保险公司准备金 | | | | |
| 39.3 | 其中：已发生未报案未决赔款准备金 | | | | |
| 39.4 | 3. 证券行业准备金 | | | | |
| 39.5 | 4. 期货行业准备金 | | | | |
| 39.6 | 5. 中小企业融资（信用）担保机构准备金 | | | | |
| 39.7 | 6. 金融企业、小额贷款公司准备金（填写 A105120） | * | * | | |
| 40 | （四）房地产开发企业特定业务计算的纳税调整额（填写 A105010） | * | | | |
| 41 | （五）合伙企业法人合伙人应分得的应纳税所得额 | | | | |
| 42 | （六）其他 | * | * | | |
| 43 | 五、特别纳税调整应税所得 | * | * | | |
| 44 | 六、其他 | * | * | | |
| 45 | 合计（1＋12＋31＋36＋43＋44） | * | * | | |

**A105030** 投资收益纳税调整明细表

| 行次 | 项目 | 持有收益 | | | 处置收益 | | | | | | | 纳税调整金额 |
|---|---|---|---|---|---|---|---|---|---|---|---|---|
| | | 账载金额 | 税收金额 | 纳税调整金额 | 会计确认的处置收入 | 税收计算的处置收入 | 处置投资的账面价值 | 处置投资的计税基础 | 会计确认的处置所得或损失 | 税收计算的处置所得 | 纳税调整金额 | |
| | | 1 | 2 | 3（2－1） | 4 | 5 | 6 | 7 | 8（4－6） | 9（5－7） | 10（9－8） | 11（3＋10） |
| 1 | 一、交易性金融资产 | | | | | | | | | | | |
| 2 | 二、可供出售金融资产 | | | | | | | | | | | |
| 3 | 三、持有至到期投资 | | | | | | | | | | | |
| 4 | 四、衍生工具 | | | | | | | | | | | |
| 5 | 五、交易性金融负债 | | | | | | | | | | | |
| 6 | 六、长期股权投资 | | | | | | | | | | | |
| 7 | 七、短期投资 | | | | | | | | | | | |
| 8 | 八、长期债券投资 | | | | | | | | | | | |
| 9 | 九、其他 | | | | | | | | | | | |
| 10 | 合计（1＋2＋3＋4＋5＋6＋7＋8＋9） | | | | | | | | | | | |

**A105070** **捐赠支出及纳税调整明细表**

| 行次 | 项目 | 账载金额 | 以前年度结转可扣除的捐赠额 | 按税收规定计算的扣除限额 | 税收金额 | 纳税调增金额 | 纳税调减金额 | 可结转以后年度扣除的捐赠额 |
|---|---|---|---|---|---|---|---|---|
| | | 1 | 2 | 3 | 4 | 5 | 6 | 7 |
| 1 | 一、非公益性捐赠 | | * | * | * | | * | * |
| 2 | 二、限额扣除的公益性捐赠（3+4+5+6） | | | | | | | |
| 3 | 前三年度（　　　　年） | * | | * | * | * | | * |
| 4 | 前二年度（　　　　年） | * | | * | * | * | | |
| 5 | 前一年度（　　　　年） | * | | * | * | * | | |
| 6 | 本　　年（　　　　年） | | * | | | | * | |
| 7 | 三、全额扣除的公益性捐赠 | | * | * | | * | * | * |
| 8 | 1. | | | | | | | |
| 9 | 2. | | | | | | | |
| 10 | 3. | | | | | | | |
| 11 | 合计（1+2+7） | | | | | | | |
| 附列资料 | 2015年度至本年发生的公益性扶贫捐赠合计金额 | | * | * | | * | * | * |

**A105080**

# 资产折旧、摊销及纳税调整明细表

| 行次 | 项目 | | 账载金额：资产原值 | 账载金额：本年折旧、摊销额 | 账载金额：累计折旧、摊销额 | 税收金额：资产计税基础 | 税收金额：税收折旧、摊销额 | 税收金额：享受加速折旧政策的资产按税收一般规定计算的折旧、摊销额 | 税收金额：加速折旧、摊销统计额 | 税收金额：累计折旧、摊销额 | 纳税调整金额 |
|---|---|---|---|---|---|---|---|---|---|---|---|
| | | | 1 | 2 | 3 | 4 | 5 | 6 | 7=5−6 | 8 | 9（2−5） |
| 1 | 一、固定资产（2+3+4+5+6+7） | | | | | | | * | * | | |
| 2 | 所有固定资产 | （一）房屋、建筑物 | | | | | | * | * | | |
| 3 | | （二）飞机、火车、轮船、机器、机械和其他生产设备 | | | | | | * | * | | |
| 4 | | （三）与生产经营活动有关的器具、工具、家具等 | | | | | | * | * | | |
| 5 | | （四）飞机、火车、轮船以外的运输工具 | | | | | | * | * | | |
| 6 | | （五）电子设备 | | | | | | * | * | | |
| 7 | | （六）其他 | | | | | | * | * | | |
| 8 | 其中：享受固定资产加速折旧及一次性扣除政策的资产加速折旧额大于一般折旧额的部分 | （一）重要行业固定资产加速折旧（不含一次性扣除） | | | | | | | | | * |
| 9 | | （二）其他行业研发设备加速折旧 | | | | | | | | | * |
| 10 | | （三）海南自由贸易港企业固定资产加速折旧 | | | | | | | | | |
| 11 | | （四）500 万元以下设备器具一次性扣除 | | | | | | | | | * |
| 12 | | （五）疫情防控重点保障物资生产企业单价 500 万元以上设备一次性扣除 | | | | | | | | | * |
| 13 | | （六）海南自由贸易港企业固定资产一次性扣除 | | | | | | | | | * |
| 14 | | （七）技术进步、更新换代固定资产加速折旧 | | | | | | | | | * |
| 15 | | （八）常年强震动、高腐蚀固定资产加速折旧 | | | | | | | | | * |
| 16 | | （九）外购软件加速折旧 | | | | | | | | | * |
| 17 | | （十）集成电路企业生产设备加速折旧 | | | | | | | | | * |
| 18 | 二、生产性生物资产（19+20） | | | | | | | * | * | | |
| 19 | （一）林木类 | | | | | | | * | * | | |
| 20 | （二）畜类 | | | | | | | * | * | | |
| 21 | 三、无形资产（22+23+24+25+26+27+28+29） | | | | | | | * | * | | |

续表

<table>
<tr><td rowspan="3">行次</td><td rowspan="3" colspan="2">项目</td><td colspan="3">账载金额</td><td colspan="5">税收金额</td><td rowspan="2">纳税调整金额</td></tr>
<tr><td>资产原值</td><td>本年折旧、摊销额</td><td>累计折旧、摊销额</td><td>资产计税基础</td><td>税收折旧、摊销额</td><td>享受加速折旧政策的资产按税收一般规定计算的折旧、摊销额</td><td>加速折旧、摊销统计额</td><td>累计折旧、摊销额</td></tr>
<tr><td>1</td><td>2</td><td>3</td><td>4</td><td>5</td><td>6</td><td>7=5−6</td><td>8</td><td>9（2−5）</td></tr>
<tr><td>22</td><td rowspan="8">所有无形资产</td><td>（一）专利权</td><td></td><td></td><td></td><td></td><td></td><td>*</td><td>*</td><td></td><td></td></tr>
<tr><td>23</td><td>（二）商标权</td><td></td><td></td><td></td><td></td><td></td><td>*</td><td>*</td><td></td><td></td></tr>
<tr><td>24</td><td>（三）著作权</td><td></td><td></td><td></td><td></td><td></td><td>*</td><td>*</td><td></td><td></td></tr>
<tr><td>25</td><td>（四）土地使用权</td><td></td><td></td><td></td><td></td><td></td><td>*</td><td>*</td><td></td><td></td></tr>
<tr><td>26</td><td>（五）非专利技术</td><td></td><td></td><td></td><td></td><td></td><td></td><td></td><td></td><td></td></tr>
<tr><td>27</td><td>（六）特许权使用费</td><td></td><td></td><td></td><td></td><td></td><td>*</td><td>*</td><td></td><td></td></tr>
<tr><td>28</td><td>（七）软件</td><td></td><td></td><td></td><td></td><td></td><td>*</td><td>*</td><td></td><td></td></tr>
<tr><td>29</td><td>（八）其他</td><td></td><td></td><td></td><td></td><td></td><td>*</td><td>*</td><td></td><td></td></tr>
<tr><td>30</td><td rowspan="3">其中：享受无形资产加速摊销及一次性摊销政策的资产加速摊销额大于一般摊销额的部分</td><td>（一）企业外购软件加速摊销</td><td></td><td></td><td></td><td></td><td></td><td></td><td></td><td></td><td>*</td></tr>
<tr><td>31</td><td>（二）海南自由贸易港企业无形资产加速摊销</td><td></td><td></td><td></td><td></td><td></td><td></td><td></td><td></td><td>*</td></tr>
<tr><td>32</td><td>（三）海南自由贸易港企业无形资产一次性摊销</td><td></td><td></td><td></td><td></td><td></td><td></td><td></td><td></td><td>*</td></tr>
<tr><td>33</td><td colspan="2">四、长期待摊费用（34+35+36+37+38）</td><td></td><td></td><td></td><td></td><td></td><td>*</td><td>*</td><td></td><td></td></tr>
<tr><td>34</td><td colspan="2">（一）已足额提取折旧的固定资产的改建支出</td><td></td><td></td><td></td><td></td><td></td><td>*</td><td>*</td><td></td><td></td></tr>
<tr><td>35</td><td colspan="2">（二）租入固定资产的改建支出</td><td></td><td></td><td></td><td></td><td></td><td>*</td><td>*</td><td></td><td></td></tr>
<tr><td>36</td><td colspan="2">（三）固定资产的大修理支出</td><td></td><td></td><td></td><td></td><td></td><td>*</td><td>*</td><td></td><td></td></tr>
<tr><td>37</td><td colspan="2">（四）开办费</td><td></td><td></td><td></td><td></td><td></td><td>*</td><td>*</td><td></td><td></td></tr>
<tr><td>38</td><td colspan="2">（五）其他</td><td></td><td></td><td></td><td></td><td></td><td>*</td><td>*</td><td></td><td></td></tr>
<tr><td>39</td><td colspan="2">五、油气勘探投资</td><td></td><td></td><td></td><td></td><td></td><td>*</td><td>*</td><td></td><td></td></tr>
<tr><td>40</td><td colspan="2">六、油气开发投资</td><td></td><td></td><td></td><td></td><td></td><td>*</td><td>*</td><td></td><td></td></tr>
<tr><td>41</td><td colspan="2">合计（1+18+21+33+39+40）</td><td></td><td></td><td></td><td></td><td></td><td></td><td></td><td></td><td></td></tr>
<tr><td colspan="2">附列资料</td><td>全民所有制企业公司制改制资产评估增值政策资产</td><td></td><td></td><td></td><td></td><td></td><td>*</td><td>*</td><td></td><td></td></tr>
</table>

A105090

## 资产损失税前扣除及纳税调整明细表

| 行次 | 项目 | 资产损失直接计入本年损益金额 | 资产损失准备金核销金额 | 资产处置收入 | 赔偿收入 | 资产计税基础 | 资产损失的税收金额 | 纳税调整金额 |
|---|---|---|---|---|---|---|---|---|
| | | 1 | 2 | 3 | 4 | 5 | 6（5－3－4） | 7 |
| 1 | 一、现金及银行存款损失 | | * | | | | | |
| 2 | 二、应收及预付款项坏账损失 | | | | | | | |
| 3 | 其中：逾期三年以上的应收款项损失 | | | | | | | |
| 4 | 逾期一年以上的小额应收款项损失 | | | | | | | |
| 5 | 三、存货损失 | | | | | | | |
| 6 | 其中：存货盘亏、报废、损毁、变质或被盗损失 | | | | | | | |
| 7 | 四、固定资产损失 | | | | | | | |
| 8 | 其中：固定资产盘亏、丢失、报废、损毁或被盗损失 | | | | | | | |
| 9 | 五、无形资产损失 | | | | | | | |
| 10 | 其中：无形资产转让损失 | | | | | | | |
| 11 | 无形资产被替代或超过法律保护期限形成的损失 | | | | | | | |
| 12 | 六、在建工程损失 | | * | | | | | |
| 13 | 其中：在建工程停建、报废损失 | | * | | | | | |
| 14 | 七、生产性生物资产损失 | | | | | | | |
| 15 | 其中：生产性生物资产盘亏、非正常死亡、被盗、丢失等产生的损失 | | | | | | | |
| 16 | 八、债权性投资损失（17＋23） | | | | | | | |
| 17 | （一）金融企业债权性投资损失（18＋22） | | | | | | | |
| 18 | 1. 贷款损失 | | | | | | | |
| 19 | 其中：符合条件的涉农和中小企业贷款损失 | | | | | | | |
| 20 | 其中：单户贷款余额 300 万（含）以下的贷款损失 | | | | | | | |
| 21 | 单户贷款余额 300 万元至 1 000 万元（含）的贷款损失 | | | | | | | |

续表

| 行次 | 项目 | 资产损失直接计入本年损益金额 | 资产损失准备金核销金额 | 资产处置收入 | 赔偿收入 | 资产计税基础 | 资产损失的税收金额 | 纳税调整金额 |
|---|---|---|---|---|---|---|---|---|
| | | 1 | 2 | 3 | 4 | 5 | 6（5－3－4） | 7 |
| 22 | 2. 其他债权性投资损失 | | | | | | | |
| 23 | （二）非金融企业债权性投资损失 | | | | | | | |
| 24 | 九、股权（权益）性投资损失 | | | | | | | |
| 25 | 其中：股权转让损失 | | | | | | | |
| 26 | 十、通过各种交易场所、市场买卖债券、股票、期货、基金以及金融衍生产品等发生的损失 | | | | | | | |
| 27 | 十一、打包出售资产损失 | | | | | | | |
| 28 | 十二、其他资产损失 | | | | | | | |
| 29 | 合计（1＋2＋5＋7＋9＋12＋14＋16＋24＋26＋27＋28） | | | | | | | |
| 30 | 其中：分支机构留存备查的资产损失 | | | | | | | |

A106000

## 企业所得税弥补亏损明细表

| 行次 | 项目 | 年度 | 当年境内所得额 | 分立转出的亏损额 | 合并、分立转入的亏损额 | | | 弥补亏损企业类型 | 当年亏损额 | 当年待弥补的亏损额 | 用本年度所得额弥补的以前年度亏损额 | | 当年可结转以后年度弥补的亏损额 |
|---|---|---|---|---|---|---|---|---|---|---|---|---|---|
| | | | | | 可弥补年限5年 | 可弥补年限8年 | 可弥补年限10年 | | | | 使用境内所得弥补 | 使用境外所得弥补 | |
| | | 1 | 2 | 3 | 4 | 5 | 6 | 7 | 8 | 9 | 10 | 11 | 12 |
| 1 | 前十年度 | | | | | | | | | | | | |
| 2 | 前九年度 | | | | | | | | | | | | |
| 3 | 前八年度 | | | | | | | | | | | | |
| 4 | 前七年度 | | | | | | | | | | | | |
| 5 | 前六年度 | | | | | | | | | | | | |
| 6 | 前五年度 | | | | | | | | | | | | |
| 7 | 前四年度 | | | | | | | | | | | | |
| 8 | 前三年度 | | | | | | | | | | | | |
| 9 | 前二年度 | | | | | | | | | | | | |
| 10 | 前一年度 | | | | | | | | | | | | |
| 11 | 本年度 | | | | | | | | | | | | |
| 12 | | | | | | | | | | | | | |

**A107012** 研发费用加计扣除优惠明细表

| | | | |
|---|---|---|---|
| 基本信息 | | | |
| 1 | □一般企业　□科技型中小企业 | 科技型中小企业登记编号 | |
| 2 | 本年可享受研发费用加计扣除项目数量 | | |
| 研发活动费用明细 | | | |
| 3 | 一、自主研发、合作研发、集中研发（4＋8＋17＋20＋24＋29＋35） | | |
| 4 | （一）人员人工费用（5＋6＋7） | | |
| 5 | 1. 直接从事研发活动人员工资薪金 | | |
| 6 | 2. 直接从事研发活动人员五险一金 | | |
| 7 | 3. 外聘研发人员的劳务费用 | | |
| 8 | （二）直接投入费用（9＋10＋…＋16） | | |
| 9 | 1. 研发活动直接消耗材料 | | |
| 10 | 2. 研发活动直接消耗燃料 | | |
| 11 | 3. 研发活动直接消耗动力费用 | | |
| 12 | 4. 用于中间试验和产品试制的模具、工艺装备开发及制造费 | | |
| 13 | 5. 用于不构成固定资产的样品、样机及一般测试手段购置费 | | |
| 14 | 6. 用于试制产品的检验费 | | |
| 15 | 7. 用于研发活动的仪器、设备的运行维护、调整、检验、维修等费用 | | |
| 16 | 8. 通过经营租赁方式租入的用于研发活动的仪器、设备租赁费 | | |
| 17 | （三）折旧费用（18＋19） | | |
| 18 | 1. 用于研发活动的仪器的折旧费 | | |
| 19 | 2. 用于研发活动的设备的折旧费 | | |
| 20 | （四）无形资产摊销（21＋22＋23） | | |
| 21 | 1. 用于研发活动的软件的摊销费用 | | |
| 22 | 2. 用于研发活动的专利权的摊销费用 | | |
| 23 | 3. 用于研发活动的非专利技术（包括许可证、专有技术、设计和计算方法等）的摊销费用 | | |
| 24 | （五）新产品设计费等（25＋26＋27＋28） | | |
| 25 | 1. 新产品设计费 | | |
| 26 | 2. 新工艺规程制定费 | | |
| 27 | 3. 新药研制的临床试验费 | | |
| 28 | 4. 勘探开发技术的现场试验费 | | |
| 29 | （六）其他相关费用（30＋31＋32＋33＋34） | | |
| 30 | 1. 技术图书资料费、资料翻译费、专家咨询费、高新科技研发保险费 | | |

| | | |
|---|---|---|
| 31 | 2. 研发成果的检索、分析、评议、论证、鉴定、评审、评估、验收费用 | |
| 32 | 3. 知识产权的申请费、注册费、代理费 | |
| 33 | 4. 职工福利费、补充养老保险费、补充医疗保险费 | |
| 34 | 5. 差旅费、会议费 | |
| 35 | （七）经限额调整后的其他相关费用 | |
| 36 | 二、委托研发［(37－38)×80％］ | |
| 37 | 委托外部机构或个人进行研发活动所发生的费用 | |
| 38 | 其中：委托境外进行研发活动所发生的费用 | |
| 39 | 三、年度研发费用小计（3＋36） | |
| 40 | （一）本年费用化金额 | |
| 41 | （二）本年资本化金额 | |
| 42 | 四、本年形成无形资产摊销额 | |
| 43 | 五、以前年度形成无形资产本年摊销额 | |
| 44 | 六、允许扣除的研发费用合计（40＋42＋43） | |
| 45 | 减：特殊收入部分 | |
| 46 | 七、允许扣除的研发费用抵减特殊收入后的金额（44－45） | |
| 47 | 减：当年销售研发活动直接形成产品（包括组成部分）对应的材料部分 | |
| 48 | 减：以前年度销售研发活动直接形成产品（包括组成部分）对应材料部分结转金额 | |
| 49 | 八、加计扣除比例 | |
| 50 | 九、本年研发费用加计扣除总额（46－47－48）×49 | |
| 51 | 十、销售研发活动直接形成产品（包括组成部分）对应材料部分结转以后年度扣减金额（当46－47－48≥0，本行＝0；当46－47－48＜0，本行＝46－47－48的绝对值） | |

**A107030** 　　　　　　**抵扣应纳税所得额明细表**

| 行次 | 项目 | 合计金额 | 投资于未上市中小高新技术企业 | 投资于种子期、初创期科技型企业 |
|---|---|---|---|---|
| | | 1=2+3 | 2 | 3 |
| 一、创业投资企业直接投资按投资额一定比例抵扣应纳税所得额 | | | | |
| 1 | 本年新增的符合条件的股权投资额 | | | |
| 2 | 税收规定的抵扣率 | 70% | 70% | 70% |
| 3 | 本年新增的可抵扣的股权投资额（1×2） | | | |
| 4 | 以前年度结转的尚未抵扣的股权投资余额 | | * | * |
| 5 | 本年可抵扣的股权投资额（3+4） | | * | * |
| 6 | 本年可用于抵扣的应纳税所得额 | | * | * |
| 7 | 本年实际抵扣应纳税所得额 | | | |
| 8 | 结转以后年度抵扣的股权投资余额 | | * | * |
| 二、通过有限合伙制创业投资企业投资按一定比例抵扣分得的应纳税所得额 | | | | |
| 9 | 本年从有限合伙创投企业应分得的应纳税所得额 | | | |
| 10 | 本年新增的可抵扣投资额 | | | |
| 11 | 以前年度结转的可抵扣投资额余额 | | * | * |
| 12 | 本年可抵扣投资额（10+11） | | * | * |
| 13 | 本年实际抵扣应分得的应纳税所得额 | | | |
| 14 | 结转以后年度抵扣的投资额余额 | | * | * |
| 三、抵扣应纳税所得额合计 | | | | |
| 15 | 合计（7+13） | | | |

## 35. 增值税及附加税费申报表

### 增值税及附加税费申报表

根据国家税收法律法规及增值税相关规定制定本表。纳税人不论有无销售额，均应按税务机关核定的纳税期限填写本表，并向当地税务机关申报。

税款所属时间：自　　年　月　日至　　年　月　日　填表日期：　　年　月　日　　金额单位：元（列至角分）

纳税人识别号（统一社会信用代码）：□□□□□□□□□□□□□□□□□□□□　　　所属行业：

| | | | | | | | |
|---|---|---|---|---|---|---|---|
| 纳税人名称 | | 法定代表人姓名 | | 注册地址 | | 生产经营地址 | |
| 开户银行及账号 | | 登记注册类型 | | 电话号码 | | | |

| | 项目 | 栏次 | 一般项目 | | 即征即退项目 | |
|---|---|---|---|---|---|---|
| | | | 本月数 | 本年累计 | 本月数 | 本年累计 |
| 销售额 | （一）按适用税率计税销售额 | 1 | | | | |
| | 其中：应税货物销售额 | 2 | | | | |
| | 应税劳务销售额 | 3 | | | | |
| | 纳税检查调整的销售额 | 4 | | | | |
| | （二）按简易办法计税销售额 | 5 | | | | |
| | 其中：纳税检查调整的销售额 | 6 | | | | |
| | （三）免、抵、退办法出口销售额 | 7 | | | — | — |
| | （四）免税销售额 | 8 | | | — | — |
| | 其中：免税货物销售额 | 9 | | | — | — |
| | 免税劳务销售额 | 10 | | | — | — |
| 税款计算 | 销项税额 | 11 | | | | |
| | 进项税额 | 12 | | | | |
| | 上期留抵税额 | 13 | | | | — |
| | 进项税额转出 | 14 | | | | |
| | 免、抵、退应退税额 | 15 | | | — | — |
| | 按适用税率计算的纳税检查应补缴税额 | 16 | | | — | — |
| | 应抵扣税额合计 | 17＝12＋13－14－15＋16 | | — | | — |
| | 实际抵扣税额 | 18（如17＜11，则为17，否则为11） | | | | |
| | 应纳税额 | 19＝11－18 | | | | |
| | 期末留抵税额 | 20＝17－18 | | | | — |
| | 简易计税办法计算的应纳税额 | 21 | | | | |
| | 按简易计税办法计算的纳税检查应补缴税额 | 22 | | | — | — |
| | 应纳税额减征额 | 23 | | | | |
| | 应纳税额合计 | 24＝19＋21－23 | | | | |

| | | | | | | |
|---|---|---|---|---|---|---|
| 税款缴纳 | 期初未缴税额（多缴为负数） | 25 | | | | |
| | 实收出口开具专用缴款书退税额 | 26 | | | — | — |
| | 本期已缴税额 | 27＝28＋29＋30＋31 | | | | |
| | ①分次预缴税额 | 28 | | — | | — |
| | ②出口开具专用缴款书预缴税额 | 29 | | — | — | — |
| | ③本期缴纳上期应纳税额 | 30 | | | | |
| | ④本期缴纳欠缴税额 | 31 | | | | |
| | 期末未缴税额（多缴为负数） | 32＝24＋25＋26－27 | | | | |
| | 其中：欠缴税额（≥0） | 33＝25＋26－27 | | — | | — |
| | 本期应补（退）税额 | 34＝24－28－29 | | — | | — |
| | 即征即退实际退税额 | 35 | — | — | | |
| | 期初未缴查补税额 | 36 | | | — | — |
| | 本期入库查补税额 | 37 | | | — | — |
| | 期末未缴查补税额 | 38＝16＋22＋36－37 | | | — | — |
| 附加税费 | 城市维护建设税本期应补（退）税额 | 39 | | | — | — |
| | 教育费附加本期应补（退）费额 | 40 | | | — | — |
| | 地方教育附加本期应补（退）费额 | 41 | | | — | — |

声明：此表是根据国家税收法律法规及相关规定填写的，本人（单位）对填报内容（及附带资料）的真实性、可靠性、完整性负责。

纳税人（签章）：　　年　月　日

| | |
|---|---|
| 经办人：<br>经办人身份证号：<br>代理机构签章：<br>代理机构统一社会信用代码： | 受理人：<br>受理税务机关（章）：　　受理日期：　　年　月　日 |

# 增值税及附加税费申报表附列资料（一）

（本期销售情况明细）

纳税人名称：（公章）　　税款所属时间：　　年　月　日至　　年　月　日　　金额单位：元（列至角分）

| 项目及栏次 | | | | 开具增值税专用发票 | | 开具其他发票 | | 未开具发票 | | 纳税检查调整 | | 合计 | | | 服务、不动产和无形资产扣除项目本期实际扣除金额 | 扣除后 | |
|---|---|---|---|---|---|---|---|---|---|---|---|---|---|---|---|---|---|
| | | | | 销售额 | 销项（应纳）税额 | 销售额 | 销项（应纳）税额 | 销售额 | 销项（应纳）税额 | 销售额 | 销项（应纳）税额 | 销售额 | 销项（应纳）税额 | 价税合计 | | 含税（免税）销售额 | 销项（应纳）税额 |
| | | | | 1 | 2 | 3 | 4 | 5 | 6 | 7 | 8 | 9=1+3+5+7 | 10=2+4+6+8 | 11=9+10 | 12 | 13=11−12 | 14=13÷(100%+税率或征收率)×税率或征收率 |
| 一、一般计税方法计税 | 全部征税项目 | 13%税率的货物及加工修理修配劳务 | 1 | | | | | | | | | | | — | — | — | — |
| | | 13%税率的服务、不动产和无形资产 | 2 | | | | | | | | | | | | | | |
| | | 9%税率的货物及加工修理修配劳务 | 3 | | | | | | | | | | | — | — | — | — |
| | | 9%税率的服务、不动产和无形资产 | 4 | | | | | | | | | | | | | | |
| | | 6%税率 | 5 | | | | | | | | | | | | | | |
| | 其中：即征即退项目 | 即征即退货物及加工修理修配劳务 | 6 | — | — | — | — | — | — | — | — | | | — | — | — | — |
| | | 即征即退服务、不动产和无形资产 | 7 | — | — | — | — | — | — | — | — | | | | | | |

续表

| 项目及栏次 | | | | 开具增值税专用发票 | | 开具其他发票 | | 未开具发票 | | 纳税检查调整 | | 合计 | | | 服务、不动产和无形资产扣除项目本期实际扣除金额 | 扣除后 | |
|---|---|---|---|---|---|---|---|---|---|---|---|---|---|---|---|---|---|
| | | | | 销售额 | 销项（应纳）税额 | 销售额 | 销项（应纳）税额 | 销售额 | 销项（应纳）税额 | 销售额 | 销项（应纳）税额 | 销售额 | 销项（应纳）税额 | 价税合计 | | 含税（免税）销售额 | 销项（应纳）税额 |
| | | | | 1 | 2 | 3 | 4 | 5 | 6 | 7 | 8 | 9＝1＋3＋5＋7 | 10＝2＋4＋6＋8 | 11＝9＋10 | 12 | 13＝11－12 | 14＝13÷（100%＋税率或征收率）×税率或征收率 |
| 二、简易计税方法计税 | 全部征税项目 | 6%征收率 | 8 | | | | | | | — | — | | | — | — | — | — |
| | | 5%征收率的货物及加工修理修配劳务 | 9a | | | | | | | — | — | | | — | — | — | — |
| | | 5%征收率的服务、不动产和无形资产 | 9b | | | | | | | — | — | | | | | | |
| | | 4%征收率 | 10 | | | | | | | — | — | | | — | — | — | — |
| | | 3%征收率的货物及加工修理修配劳务 | 11 | | | | | | | — | — | | | — | — | — | — |
| | | 3%征收率的服务、不动产和无形资产 | 12 | | | | | | | — | — | | | | | | |
| | | 预征率 % | 13a | | | | | | | — | — | | | | | | |
| | | 预征率 % | 13b | | | | | | | — | — | | | | | | |
| | | 预征率 % | 13c | | | | | | | — | — | | | | | | |
| | 其中：即征即退项目 | 即征即退货物及加工修理修配劳务 | 14 | — | — | — | — | — | — | — | — | | | — | — | — | — |
| | | 即征即退服务、不动产和无形资产 | 15 | — | — | — | — | — | — | — | — | | | | | | |

续表

| 项目及栏次 | | | 开具增值税专用发票 | | 开具其他发票 | | 未开具发票 | | 纳税检查调整 | | 合计 | | | 服务、不动产和无形资产扣除项目本期实际扣除金额 | 扣除后 | |
|---|---|---|---|---|---|---|---|---|---|---|---|---|---|---|---|---|
| | | | 销售额 | 销项（应纳）税额 | 销售额 | 销项（应纳）税额 | 销售额 | 销项（应纳）税额 | 销售额 | 销项（应纳）税额 | 销售额 | 销项（应纳）税额 | 价税合计 | | 含税（免税）销售额 | 销项（应纳）税额 |
| | | | 1 | 2 | 3 | 4 | 5 | 6 | 7 | 8 | 9＝1＋3＋5＋7 | 10＝2＋4＋6＋8 | 11＝9＋10 | 12 | 13＝11－12 | 14＝13÷（100%＋税率或征收率）×税率或征收率 |
| 三、免抵退税 | 货物及加工修理修配劳务 | 16 | — | — | | — | | — | — | — | | — | — | — | — | — |
| | 服务、不动产和无形资产 | 17 | — | — | | — | | — | — | — | | — | | | | — |
| 四、免税 | 货物及加工修理修配劳务 | 18 | | | | — | | — | — | — | | — | — | — | — | — |
| | 服务、不动产和无形资产 | 19 | — | — | | — | | — | — | — | | — | | | | — |

## 增值税及附加税费申报表附列资料（二）

（本期进项税额明细）

纳税人名称：（公章）　　税款所属时间：　　年　月　日至　　年　月　日　金额单位：元（列至角分）

| 一、申报抵扣的进项税额 | | | | |
|---|---|---|---|---|
| 项目 | 栏次 | 份数 | 金额 | 税额 |
| （一）认证相符的增值税专用发票 | 1=2+3 | | | |
| 其中：本期认证相符且本期申报抵扣 | 2 | | | |
| 前期认证相符且本期申报抵扣 | 3 | | | |
| （二）其他扣税凭证 | 4=5+6+7+8a+8b | | | |
| 其中：海关进口增值税专用缴款书 | 5 | | | |
| 农产品收购发票或者销售发票 | 6 | | | |
| 代扣代缴税收缴款凭证 | 7 | | — | |
| 加计扣除农产品进项税额 | 8a | — | — | |
| 其他 | 8b | | | |
| （三）本期用于购建不动产的扣税凭证 | 9 | | | |
| （四）本期用于抵扣的旅客运输服务扣税凭证 | 10 | | | |
| （五）外贸企业进项税额抵扣证明 | 11 | — | — | |
| 当期申报抵扣进项税额合计 | 12=1+4+11 | | | |

| 二、进项税额转出额 | | |
|---|---|---|
| 项目 | 栏次 | 税额 |
| 本期进项税额转出额 | 13=14至23之和 | |
| 其中：免税项目用 | 14 | |
| 集体福利、个人消费 | 15 | |
| 非正常损失 | 16 | |
| 简易计税方法征税项目用 | 17 | |
| 免抵退税办法不得抵扣的进项税额 | 18 | |
| 纳税检查调减进项税额 | 19 | |
| 红字专用发票信息表注明的进项税额 | 20 | |
| 上期留抵税额抵减欠税 | 21 | |
| 上期留抵税额退税 | 22 | |
| 异常凭证转出进项税额 | 23a | |
| 其他应作进项税额转出的情形 | 23b | |

| 三、待抵扣进项税额 | | | | |
|---|---|---|---|---|
| 项目 | 栏次 | 份数 | 金额 | 税额 |
| （一）认证相符的增值税专用发票 | 24 | — | — | — |
| 期初已认证相符但未申报抵扣 | 25 | | | |
| 本期认证相符且本期未申报抵扣 | 26 | | | |
| 期末已认证相符但未申报抵扣 | 27 | | | |
| 其中：按照税法规定不允许抵扣 | 28 | | | |
| （二）其他扣税凭证 | 29=30至33之和 | | | |
| 其中：海关进口增值税专用缴款书 | 30 | | | |
| 农产品收购发票或者销售发票 | 31 | | | |
| 代扣代缴税收缴款凭证 | 32 | | — | |
| 其他 | 33 | | | |
| | 34 | | | |

| 四、其他 | | | | |
|---|---|---|---|---|
| 项目 | 栏次 | 份数 | 金额 | 税额 |
| 本期认证相符的增值税专用发票 | 35 | | | |
| 代扣代缴税额 | 36 | — | — | |

## 增值税及附加税费申报表附列资料（三）

（服务、不动产和无形资产扣除项目明细）

纳税人名称：（公章）　税款所属时间：　　年　月　日至　　年　月　日　金额单位：元（列至角分）

| 项目及栏次 | | 本期服务、不动产和无形资产价税合计额（免税销售额） | 服务、不动产和无形资产扣除项目 | | | | |
|---|---|---|---|---|---|---|---|
| | | | 期初余额 | 本期发生额 | 本期应扣除金额 | 本期实际扣除金额 | 期末余额 |
| | | 1 | 2 | 3 | 4＝2＋3 | 5（5≤1且5≤4） | 6＝4－5 |
| 13％税率的项目 | 1 | | | | | | |
| 9％税率的项目 | 2 | | | | | | |
| 6％税率的项目（不含金融商品转让） | 3 | | | | | | |
| 6％税率的金融商品转让项目 | 4 | | | | | | |
| 5％征收率的项目 | 5 | | | | | | |
| 3％征收率的项目 | 6 | | | | | | |
| 免抵退税的项目 | 7 | | | | | | |
| 免税的项目 | 8 | | | | | | |

## 增值税及附加税费申报表附列资料（四）

（税额抵减情况表）

纳税人名称：（公章）　税款所属时间：　　年　月　日至　　年　月　日　金额单位：元（列至角分）

| 一、税额抵减情况 | | | | | | |
|---|---|---|---|---|---|---|
| 序号 | 抵减项目 | 期初余额 | 本期发生额 | 本期应抵减税额 | 本期实际抵减税额 | 期末余额 |
| | | 1 | 2 | 3=1+2 | 4≤3 | 5=3-4 |
| 1 | 增值税税控系统专用设备费及技术维护费 | | | | | |
| 2 | 分支机构预征缴纳税款 | | | | | |
| 3 | 建筑服务预征缴纳税款 | | | | | |
| 4 | 销售不动产预征缴纳税款 | | | | | |
| 5 | 出租不动产预征缴纳税款 | | | | | |

| 二、加计抵减情况 | | | | | | | |
|---|---|---|---|---|---|---|---|
| 序号 | 加计抵减项目 | 期初余额 | 本期发生额 | 本期调减额 | 本期可抵减额 | 本期实际抵减额 | 期末余额 |
| | | 1 | 2 | 3 | 4=1+2-3 | 5 | 6=4-5 |
| 6 | 一般项目加计抵减额计算 | | | | | | |
| 7 | 即征即退项目加计抵减额计算 | | | | | | |
| 8 | 合计 | | | | | | |

## 增值税及附加税费申报表附列资料（五）

（附加税费情况表）

纳税人名称：（公章）　　　　税（费）款所属时间：　　年　月　日至　　年　月　日　　　　金额单位：元（列至角分）

| 税（费）种 | | 计税（费）依据 | | | 税（费）率（%） | 本期应纳税（费）额 | 本期减免税（费）额 | | 试点建设培育产教融合型企业 | | 本期已缴税（费）额 | 本期应补（退）税（费）额 |
|---|---|---|---|---|---|---|---|---|---|---|---|---|
| | | 增值税税额 | 增值税免抵税额 | 留抵退税本期扣除额 | | | 减免性质代码 | 减免税（费）额 | 减免性质代码 | 本期抵免金额 | | |
| | | 1 | 2 | 3 | 4 | 5=（1+2−3）×4 | 6 | 7 | 8 | 9 | 10 | 11=5−7−9−10 |
| 城市维护建设税 | 1 | | | | | | | | — | — | | |
| 教育费附加 | 2 | | | | | | | | | | | |
| 地方教育附加 | 3 | | | | | | | | | | | |
| 合计 | 4 | — | — | — | — | | — | | — | | | |
| 本期是否适用试点建设培育产教融合型企业抵免政策 | | | | | □是<br>□否 | 当期新增投资额 | | | | 5 | | |
| | | | | | | 上期留抵可抵免金额 | | | | 6 | | |
| | | | | | | 结转下期可抵免金额 | | | | 7 | | |
| 可用于扣除的增值税留抵退税额使用情况 | | | | | | 当期新增可用于扣除的留抵退税额 | | | | 8 | | |
| | | | | | | 上期结存可用于扣除的留抵退税额 | | | | 9 | | |
| | | | | | | 结转下期可用于扣除的留抵退税额 | | | | 10 | | |

## 增值税减免税申报明细表

纳税人名称（公章）：　　　　税款所属时间：自　　年　月　日至　　年　月　日　　　　金额单位：元（列至角分）

一、减税项目

| 减税性质代码及名称 | 栏次 | 期初余额 | 本期发生额 | 本期应抵减税额 | 本期实际抵减税额 | 期末余额 |
|---|---|---|---|---|---|---|
| | | 1 | 2 | 3=1+2 | 4≤3 | 5=3−4 |
| 合计 | 1 | | | | | |
| | 2 | | | | | |
| | 3 | | | | | |
| | 4 | | | | | |
| | 5 | | | | | |
| | 6 | | | | | |

二、免税项目

| 免税性质代码及名称 | 栏次 | 免征增值税项目销售额 | 免税销售额扣除项目本期实际扣除金额 | 扣除后免税销售额 | 免税销售额对应的进项税额 | 免税额 |
|---|---|---|---|---|---|---|
| | | 1 | 2 | 3=1−2 | 4 | 5 |
| 合计 | 7 | | | | | |
| 出口免税 | 8 | | — | — | — | |
| 其中：跨境服务 | 9 | | — | — | — | |
| | 10 | | | | — | |
| | 11 | | | | — | |
| | 12 | | | | — | |
| | 13 | | | | — | |
| | 14 | | | | — | |
| | 15 | | | | — | |
| | 16 | | | | — | |

## 36. 税金及附加计算表

税金及附加计算表

年　月　日

| 项　目 | | 金　额 |
|---|---|---|
| 当期销售额 | (1) | |
| 销售产品销项税额 | (2)=(1)×13% | |
| 进项税额 | (3) | |
| 应纳增值税额 | (4)=(2)-(3) | |
| 应纳城建税额 | (5)=(4)×7% | |
| 应交教育费附加 | (6)=(4)×3% | |
| 应交地方教育附加 | (7)=(4)×2% | |

审核　　　　制单

## 37. 收料单★

收 料 单 1

供货单位：

发票号码：　　　　年　月　日　　　　收货仓库：

| 材料类别 | 名称及规格 | 计量单位 | 数量 | | 实际成本 | | 计划成本 | | 差异 |
|---|---|---|---|---|---|---|---|---|---|
| | | | 应收 | 实收 | 单价 | 金额 | 单价 | 金额 | |
| | | | | | | | | | |
| | | | | | | | | | |
| | | | | | | | | | |
| | | | | | | | | | |

此联验收留存

验收　　保管　　记账　　制单

收 料 单 2

供货单位：

发票号码：　　　　年　月　日　　　　收货仓库：

| 材料类别 | 名称及规格 | 计量单位 | 数量 | | 实际成本 | | 计划成本 | | 差异 |
|---|---|---|---|---|---|---|---|---|---|
| | | | 应收 | 实收 | 单价 | 金额 | 单价 | 金额 | |
| | | | | | | | | | |
| | | | | | | | | | |
| | | | | | | | | | |
| | | | | | | | | | |

此联仓库记账

验收　　保管　　记账　　制单

## 收 料 单 3

供货单位：
发票号码：　　　　　　　　　　　　年　　月　　日　　　　　　　　　　收货仓库：

| 材料类别 | 名称及规格 | 计量单位 | 数量 | | 实际成本 | | 计划成本 | | 差异 |
|---|---|---|---|---|---|---|---|---|---|
| | | | 应收 | 实收 | 单价 | 金额 | 单价 | 金额 | |
| | | | | | | | | | |
| | | | | | | | | | |
| | | | | | | | | | |
| | | | | | | | | | |

此联会计记账

验收　　　　保管　　　　记账　　　　制单

**38. 领料单★**

## 领 料 单 1（领料部门留存）

领料单位：　　　　　　　　　　　　　　　　　　　　　　凭证编号：
用途：　　　　　　　　　　年　月　日　　　　　　　　　发料仓库：

| 材料编号 | 材料名称 | 规格 | 计量单位 | 数量 | | 单位成本 | 金额 | 备注 |
|---|---|---|---|---|---|---|---|---|
| | | | | 请领 | 实发 | | | |
| | | | | | | | | |
| | | | | | | | | |
| | | | | | | | | |
| | | | | | | | | |

发料人　　　　领料单位负责人　　　　领料人

## 领 料 单 2（仓库记账）

领料单位：　　　　　　　　　　　　　　　　　　　　　　凭证编号：
用途：　　　　　　　　　　年　月　日　　　　　　　　　发料仓库：

| 材料编号 | 材料名称 | 规格 | 计量单位 | 数量 | | 单位成本 | 金额 | 备注 |
|---|---|---|---|---|---|---|---|---|
| | | | | 请领 | 实发 | | | |
| | | | | | | | | |
| | | | | | | | | |
| | | | | | | | | |
| | | | | | | | | |

发料人　　　　领料单位负责人　　　　领料人

## 领 料 单　3（会计记账）

领料单位：　　　　　　　　　　　　　　　　　　　　　　凭证编号：

用途：　　　　　　　　　　年　月　日　　　　　　　　　发料仓库：

| 材料编号 | 材料名称 | 规格 | 计量单位 | 数量 | | 单位成本 | 金额 | 备注 |
|---|---|---|---|---|---|---|---|---|
| | | | | 请领 | 实发 | | | |
| | | | | | | | | |
| | | | | | | | | |
| | | | | | | | | |
| | | | | | | | | |

发料人　　　　　　　　领料单位负责人　　　　　　　　　　　　领料人

---

**39. 限额领料单★**

## 限额领料单　1（领料部门）

领料部门：　　　　　　　　　　　　　　　　　　　　　　第　　号：

用途：　　　　　　　　　　年　月　日　　　　　　　　　发料仓库：

| 材料编号 | 材料名称规格 | 计量单位 | 计划投产量 | 单位消耗定额 | 领用限额 | 实发 | | | | | | | | | | | | | | | | | | | |
|---|---|---|---|---|---|---|---|---|---|---|---|---|---|---|---|---|---|---|---|---|---|---|---|---|---|
| | | | | | | 数量 | 单价 | | | | | | | | | 金额 | | | | | | | | | |
| | | | | | | | 百 | 十 | 万 | 千 | 百 | 十 | 元 | 角 | 分 | 千 | 百 | 十 | 万 | 千 | 百 | 十 | 元 | 角 | 分 |
| | | | | | | | | | | | | | | | | | | | | | | | | | |

| 日期 | 领用 | | | 退料 | | | 限额结余数量 |
|---|---|---|---|---|---|---|---|
| | 数量 | 领料人 | 发料人 | 数量 | 退料人 | 收料人 | |
| | | | | | | | |
| | | | | | | | |
| | | | | | | | |
| | | | | | | | |
| | | | | | | | |
| | | | | | | | |

生产计划部门　　　　　　　　供销部门　　　　　　　　仓库

## 限额领料单　2（仓库）

领料部门：　　　　　　　　　　　　　　　　　　　　　　　　第　　号：

用途：　　　　　　　　　　　　年　　月　　日　　　　　　　发料仓库：

| 材料编号 | 材料名称规格 | 计量单位 | 计划投产量 | 单位消耗定额 | 领用限额 | 实发 | | | | | | | | | | | | | | | | | | | |
|---|---|---|---|---|---|---|---|---|---|---|---|---|---|---|---|---|---|---|---|---|---|---|---|---|---|
| | | | | | | 数量 | 单价 | | | | | | | | | 金额 | | | | | | | | | |
| | | | | | | | 百 | 十 | 万 | 千 | 百 | 十 | 元 | 角 | 分 | 千 | 百 | 十 | 万 | 千 | 百 | 十 | 元 | 角 | 分 |
| | | | | | | | | | | | | | | | | | | | | | | | | | |

| 日期 | 领用 | | | 退料 | | | 限额结余数量 |
|---|---|---|---|---|---|---|---|
| | 数量 | 领料人 | 发料人 | 数量 | 退料人 | 收料人 | |
| | | | | | | | |
| | | | | | | | |
| | | | | | | | |
| | | | | | | | |
| | | | | | | | |
| | | | | | | | |

生产计划部门　　　　　　　　供销部门　　　　　　　　仓库

## 限额领料单　3（会计）

领料部门：　　　　　　　　　　　　　　　　　　　　　　　　第　　号：

用途：　　　　　　　　　　　　年　　月　　日　　　　　　　发料仓库：

| 材料编号 | 材料名称规格 | 计量单位 | 计划投产量 | 单位消耗定额 | 领用限额 | 实发 | | | | | | | | | | | | | | | | | | | |
|---|---|---|---|---|---|---|---|---|---|---|---|---|---|---|---|---|---|---|---|---|---|---|---|---|---|
| | | | | | | 数量 | 单价 | | | | | | | | | 金额 | | | | | | | | | |
| | | | | | | | 百 | 十 | 万 | 千 | 百 | 十 | 元 | 角 | 分 | 千 | 百 | 十 | 万 | 千 | 百 | 十 | 元 | 角 | 分 |
| | | | | | | | | | | | | | | | | | | | | | | | | | |

| 日期 | 领用 | | | 退料 | | | 限额结余数量 |
|---|---|---|---|---|---|---|---|
| | 数量 | 领料人 | 发料人 | 数量 | 退料人 | 收料人 | |
| | | | | | | | |
| | | | | | | | |
| | | | | | | | |
| | | | | | | | |
| | | | | | | | |
| | | | | | | | |

生产计划部门　　　　　　　　供销部门　　　　　　　　仓库

## 40. 产品出库单★

### 产品出库单 1

存根联

制表日期　　年　　月　　日

| | | | | | |
|---|---|---|---|---|---|
| 出厂编号 | | 出库日期 | | 产品编号 | |
| 产品名称 | | | 型　　号 | | |
| 发货数量 | | 单　　价 | | 出库金额 | |
| 提货单位 | | | 经办人 | | |

主管：　　　　　　记账：　　　　　　保管员：

### 产品出库单 2

保管联

制表日期　　年　　月　　日

| | | | | | |
|---|---|---|---|---|---|
| 出厂编号 | | 出库日期 | | 产品编号 | |
| 产品名称 | | | 型　　号 | | |
| 发货数量 | | 单　　价 | | 出库金额 | |
| 提货单位 | | | 经办人 | | |

主管：　　　　　　记账：　　　　　　保管员：

### 产品出库单 3

记账联

制表日期　　年　　月　　日

| | | | | | |
|---|---|---|---|---|---|
| 出厂编号 | | 出库日期 | | 产品编号 | |
| 产品名称 | | | 型　　号 | | |
| 发货数量 | | 单　　价 | | 出库金额 | |
| 提货单位 | | | 经办人 | | |

主管：　　　　　　记账：　　　　　　保管员：

## 41. 产品入库单★

### 产品入库单 1

存根联

制表日期　　年　　月　　日

| | | | | | |
|---|---|---|---|---|---|
| 生产批号 | | | 入库日期 | | |
| 产品名称 | | | 型　　号 | | |
| 数　　量 | | 单　　价 | | 入库金额 | |
| 提货单位 | | | 经办人 | | |

主管：　　　　　　　　记账：　　　　　　　　保管员：

### 产品入库单 2

生产联

制表日期　　年　　月　　日

| | | | | | |
|---|---|---|---|---|---|
| 生产批号 | | | 入库日期 | | |
| 产品名称 | | | 型　　号 | | |
| 数　　量 | | 单　　价 | | 入库金额 | |
| 提货单位 | | | 经办人 | | |

主管：　　　　　　　　记账：　　　　　　　　保管员：

### 产品入库单 3

记账联

制表日期　　年　　月　　日

| | | | | | |
|---|---|---|---|---|---|
| 生产批号 | | | 入库日期 | | |
| 产品名称 | | | 型　　号 | | |
| 数　　量 | | 单　　价 | | 入库金额 | |
| 提货单位 | | | 经办人 | | |

主管：　　　　　　　　记账：　　　　　　　　保管员：

**42. 财产物资报废（处置）单**

**财产物资报废（处置）单**

部门：　　　　　　　　　　　　　　年　　月　　日

| 序号 | 品名 | 数量 | 领用时间 | 使用时间 | 报废时间 | 报废原因 |
|---|---|---|---|---|---|---|
| | | | | | | |
| | | | | | | |
| | | | | | | |
| | | | | | | |
| | | | | | | |

①存根联

填表人：　　　　　　　　　　　　审核人：

**财产物资报废（处置）单**

部门：　　　　　　　　　　　　　　年　　月　　日

| 序号 | 品名 | 数量 | 领用时间 | 使用时间 | 报废时间 | 报废原因 |
|---|---|---|---|---|---|---|
| | | | | | | |
| | | | | | | |
| | | | | | | |
| | | | | | | |
| | | | | | | |

②记账联

填表人：　　　　　　　　　　　　审核人：

**43. 财产物资盘存单**

**财产物资盘存单**

单位名称：　　　　　　盘存时间：　　年　　月　　日　　　　　　编号：

财产类别：　　　　　　存放地点：　　　　　　　　　　　　　　财产责任人：

| 序号 | 名称 | 规格型号 | 计量单位 | 实存数量 | 单价 | 金额 | 备注 |
|---|---|---|---|---|---|---|---|
| | | | | | | | |
| | | | | | | | |
| | | | | | | | |
| | | | | | | | |
| | | | | | | | |

盘点人签章：　　　　　　　　　　　　　　　　　　实物保管人签章：

## 44. 账存实存对比表

**账存实存对比表**

单位名称： 年 月 日

| 名称 | 规格型号 | 计量单位 | 单价 | 账存 | | 实存 | | 账实对比 | | | | 备注 |
|---|---|---|---|---|---|---|---|---|---|---|---|---|
| | | | | | | | | 盘盈 | | 盘亏 | | |
| | | | | 数量 | 金额 | 数量 | 金额 | 数量 | 金额 | 数量 | 金额 | |
| | | | | | | | | | | | | |
| | | | | | | | | | | | | |
| | | | | | | | | | | | | |
| | | | | | | | | | | | | |
| | | | | | | | | | | | | |
| | | | | | | | | | | | | |
| 分析原因： | | | | | | 审批意见： | | | | | | |

盘点人签章： 会计签章：

## 45. 现金盘点报告表

**现金盘点报告表**

单位名称： 年 月 日

| 账存金额 | 实存金额 | 账存实存对比 | | 备注 |
|---|---|---|---|---|
| | | 盘盈 | 盘亏 | |
| | | | | |
| | | | | |
| | | | | |
| | | | | |
| | | | | |
| 分析原因： | | 审批意见： | | |

盘点人签章： 出纳签章：

**46. 费用计算表★**

________ 费用计算表

年　　月　　日

| 应借项目 | 部门 | 数量（ ） | 单价（ ） | 金额（元） |
|---|---|---|---|---|
| | | | | |
| | | | | |
| | | | | |
| | | | | |
| | 小　计 | | | |
| | | | | |
| | | | | |
| | | | | |
| | | | | |
| | 小　计 | | | |
| | | | | |
| | | | | |
| | | | | |
| | | | | |
| | 小　计 | | | |
| 总　计 | | | | |

审核　　　　　　制单

**47. 费用内部结算表★**

________ 费用内部结算表

部门：　　　　　　　　年　　月　　日

| 费用<br>部门及用途 | 数量（ ） | 单价（ ） | 金额（元） |
|---|---|---|---|
| | | | |
| | | | |
| | | | |
| | | | |
| | | | |
| | | | |
| | | | |
| | | | |
| | | | |
| | | | |
| | | | |
| 合　计 | | | |

审核　　　　　　制单

**48. 材料费用分配表**

**材料费用分配表**

部门：　　　　　　　　　　　　　　　　　年　　月

| 产品名称<br>材料名称 | | | 产量（台） | 产量（台） | 产量（台） | 合计 |
|---|---|---|---|---|---|---|
| | 直接计入 | | | | | |
| | 分配计入 | 单位消耗定额 | | | | |
| | | 定额消耗总量 | | | | |
| | | 分配率 | | | | |
| | | 分配金额 | | | | |
| | 直接计入 | | | | | |
| | 分配计入 | 单位消耗定额 | | | | |
| | | 定额消耗总量 | | | | |
| | | 分配率 | | | | |
| | | 分配金额 | | | | |
| | 直接计入 | | | | | |
| | 分配计入 | 单位消耗定额 | | | | |
| | | 定额消耗总量 | | | | |
| | | 分配率 | | | | |
| | | 分配金额 | | | | |
| | 直接计入 | | | | | |
| | 分配计入 | 单位消耗定额 | | | | |
| | | 定额消耗总量 | | | | |
| | | 分配率 | | | | |
| | | 分配金额 | | | | |
| 合计 | | | | | | |

审核　　　　　　　　　制单

## 49. 职工薪酬计算表

**职工薪酬计算表** （①留存）

年　　月　　日　　　　　　　　　　　　　　　　　　　　　　　　单位：元

| 部门及人员 | | 人数 | 应发数 | | | | | | | 代扣款 | | | | | | | | | 实发工资 |
|---|---|---|---|---|---|---|---|---|---|---|---|---|---|---|---|---|---|---|---|
| | | | 基本工资 | 绩效工资 | 津贴 | 加班工资 | 奖金 | 扣缺勤工资 | 应发工资 | 医疗保险金 | 养老保险金 | 失业保险金 | 住房公积金 | 工会经费 | 水电费 | 个人所得税 | 其他 | 小计 | |
| 铸造车间 | 生产工人 | | | | | | | | | | | | | | | | | | |
| | 管理人员 | | | | | | | | | | | | | | | | | | |
| | 小计 | | | | | | | | | | | | | | | | | | |
| 加工车间 | 生产工人 | | | | | | | | | | | | | | | | | | |
| | 管理人员 | | | | | | | | | | | | | | | | | | |
| | 小计 | | | | | | | | | | | | | | | | | | |
| 装配车间 | 生产工人 | | | | | | | | | | | | | | | | | | |
| | 管理人员 | | | | | | | | | | | | | | | | | | |
| | 小计 | | | | | | | | | | | | | | | | | | |
| 供气车间 | | | | | | | | | | | | | | | | | | | |
| 采购供应部 | | | | | | | | | | | | | | | | | | | |
| 市场营销部 | | | | | | | | | | | | | | | | | | | |
| 行政管理部门 | | | | | | | | | | | | | | | | | | | |
| 合计 | | | | | | | | | | | | | | | | | | | |

审核　　　　　　　　制单

## 职工薪酬计算表　（②记账）

年　月　日　　　　单位：元

| 部门及人员 | | 人数 | 应发数 | | | | | | | 代扣款 | | | | | | | | | 实发工资 |
|---|---|---|---|---|---|---|---|---|---|---|---|---|---|---|---|---|---|---|---|
| | | | 基本工资 | 绩效工资 | 津贴 | 加班工资 | 奖金 | 扣缺勤工资 | 应发工资 | 医疗保险金 | 养老保险金 | 失业保险金 | 住房公积金 | 工会经费 | 水电费 | 个人所得税 | 其他 | 小计 | |
| 铸造车间 | 生产工人 | | | | | | | | | | | | | | | | | | |
| | 管理人员 | | | | | | | | | | | | | | | | | | |
| | 小计 | | | | | | | | | | | | | | | | | | |
| 加工车间 | 生产工人 | | | | | | | | | | | | | | | | | | |
| | 管理人员 | | | | | | | | | | | | | | | | | | |
| | 小计 | | | | | | | | | | | | | | | | | | |
| 装配车间 | 生产工人 | | | | | | | | | | | | | | | | | | |
| | 管理人员 | | | | | | | | | | | | | | | | | | |
| | 小计 | | | | | | | | | | | | | | | | | | |
| 供气车间 | | | | | | | | | | | | | | | | | | | |
| 采购供应部 | | | | | | | | | | | | | | | | | | | |
| 市场营销部 | | | | | | | | | | | | | | | | | | | |
| 行政管理部门 | | | | | | | | | | | | | | | | | | | |
| 合计 | | | | | | | | | | | | | | | | | | | |

审核　　　　制单

## 50. 职工薪酬费用分配表

职工薪酬费用分配表

部门：　　　　　　　　　　　　年　　月　　日

| 项目<br>借方科目 | | 工资 | 定额工时 | 分配率 | 分配金额 |
|---|---|---|---|---|---|
| | | | | | |
| | | | | | |
| | | | | | |
| | 小　计 | | | | |
| | | | | | |
| | | | | | |
| | | | | | |
| | | | | | |
| | | | | | |
| | | | | | |
| 合　计 | | | | | |

审核　　　　　　　　制单

## 51. 燃料及动力费用分配表

燃料及动力费用分配表

部门：　　　　　　　　　　　　年　　月　　日

| 费用项目 | | 基本生产成本 | | | | 制造费用 | 管理费用 | 合计 |
|---|---|---|---|---|---|---|---|---|
| | | | | | 小计 | | | |
| | 定额工时 | | | | | | | |
| | 分配率 | | | | | | | |
| | 分配金额 | | | | | | | |
| | 定额工时 | | | | | | | |
| | 分配率 | | | | | | | |
| | 分配金额 | | | | | | | |
| | 定额工时 | | | | | | | |
| | 分配率 | | | | | | | |
| | 分配金额 | | | | | | | |
| 合　计 | | | | | | | | |

审核　　　　　　　　制单

## 52. 固定资产折旧计算表

### 固定资产折旧计算表

年　　月　　日

| 资产编号 | 资产类别 | 资产名称 | 使用部门 | 资产原值 | 本期折旧 | 本年累计折旧 |
|---|---|---|---|---|---|---|
| | | | | | | |
| | | | | | | |
| | | | | | | |
| | | | | | | |
| | | | | | | |
| | | | | | | |
| | | | | | | |
| | | | | | | |
| | | | | | | |
| | | | | | | |
| | | | | | | |
| | | | | | | |
| | | | | | | |
| | | | | | | |
| | | | | | | |
| | | | | | | |
| | | | | | | |
| | | | | | | |
| | | | | | | |
| | | | | | | |
| | | | | | | |
| | | | | | | |
| | | | | | | |
| | | | | | | |
| | | | | | | |
| 合计 | | | | | | |

## 53. 辅助生产成本分配表

辅助生产成本分配表

车间：供气车间　　　　　　　　　　　　年　　月

| 受益部门 | 供气量（立方米） | 分配率 | 分配额 |
| --- | --- | --- | --- |
| | | | |
| | | | |
| | | | |
| | | | |
| | | | |
| | | | |
| | | | |
| 合　计 | | | |

审核　　　　　　　　制单

## 54. 月末广义在产品定额成本计算表

月末广义在产品定额成本计算表

部门：　　　　　　　　　　　　年　　月

| | | | | | |
| --- | --- | --- | --- | --- | --- |
| 在产品名称 | | | | | |
| 在产品数量 | | | | | |
| 在产品约当产量 | | | | | |
| 在产品定额成本 | 直接材料 | 单位产品定额 | | | |
| | | 金额 | | | |
| | 燃料及动力 | 单位产品定额 | | | |
| | | 金额 | | | |
| | 直接人工 | 单位产品定额 | | | |
| | | 金额 | | | |
| | 制造费用 | 单位产品定额 | | | |
| | | 金额 | | | |
| | 合计 | | | | |

审核　　　　　　　　制单

## 55. 车间制造费用分配表

________ 车间制造费用分配表

年　　月

| 项目 | 定额工时 | 制造费用 | |
|---|---|---|---|
| | | 分配率 | 分配额 |
| | | | |
| | | | |
| | | | |
| | | | |
| | | | |
| 合　计 | | | |

审核　　　　　　　　制单

## 56. 车间生产成本计算表

车间生产成本计算表

产品名称：　　　　　　　　年　　月　　　　　　　　产量：

| 项目 | 直接材料 | 燃料及动力 | 直接人工 | 制造费用 | 合计 |
|---|---|---|---|---|---|
| 月初在产品定额成本 | | | | | |
| 本月生产费用 | | | | | |
| 累计 | | | | | |
| 单位成本 | | | | | |
| 完工总成本 | | | | | |
| 月末在产品定额成本 | | | | | |

审核　　　　　　　　制单

## 57. 铸造车间完工产品成本计算表

### 铸造车间完工产品成本计算表

年　月

| 项目 | | 普通铸铁 | | | | 球墨铸铁 | | | | 铸铝件 | | | | 合计 |
|---|---|---|---|---|---|---|---|---|---|---|---|---|---|---|
| | | 定额消耗量 | 单位计划成本 | 分配率 | 金额 | 定额消耗量 | 单位计划成本 | 分配率 | 金额 | 定额消耗量 | 单位计划成本 | 分配率 | 金额 | |
| 6105Q-1柴油机（产量　台） | 直接材料 | | | | | | | | | | | | | |
| | 燃料及动力 | | | | | | | | | | | | | |
| | 直接人工 | | | | | | | | | | | | | |
| | 制造费用 | | | | | | | | | | | | | |
| | 小计 | | | | | | | | | | | | | |
| 6105Q-1金马机（产量　台） | 直接材料 | | | | | | | | | | | | | |
| | 燃料及动力 | | | | | | | | | | | | | |
| | 直接人工 | | | | | | | | | | | | | |
| | 制造费用 | | | | | | | | | | | | | |
| | 小计 | | | | | | | | | | | | | |
| 15KV发电机（产量　台） | 直接材料 | | | | | | | | | | | | | |
| | 燃料及动力 | | | | | | | | | | | | | |
| | 直接人工 | | | | | | | | | | | | | |
| | 制造费用 | | | | | | | | | | | | | |
| | 小计 | | | | | | | | | | | | | |
| 合计 | | | | | | | | | | | | | | |

## 58. 产成品成本汇总表

**产成品成本汇总表**

产品：　　　　　　　　　　　　　　　　　　　年　　　月

| 项　目 | 直接材料 | 燃料及动力 | 直接人工 | 制造费用 | 合　计 |
|---|---|---|---|---|---|
| 铸造车间转入份额 | | | | | |
| 加工车间转入份额 | | | | | |
| 装配车间转入份额 | | | | | |
| 产成品总成本 | | | | | |
| 完工产量 | | | | | |
| 单位成本 | | | | | |

审核　　　　　　　　　　制单

## 59. 记账凭证☆

**记 账 凭 证**

年　　月　　日　　　　　　　　　　第　　　号

| 摘　要 | 会计科目 | | 借方金额 | | | | | | | | | | 贷方金额 | | | | | | | | | | 账页或√ |
|---|---|---|---|---|---|---|---|---|---|---|---|---|---|---|---|---|---|---|---|---|---|---|---|
| | | | 千 | 百 | 十 | 万 | 千 | 百 | 十 | 元 | 角 | 分 | 千 | 百 | 十 | 万 | 千 | 百 | 十 | 元 | 角 | 分 | |
| | | | | | | | | | | | | | | | | | | | | | | | |
| | | | | | | | | | | | | | | | | | | | | | | | |
| | | | | | | | | | | | | | | | | | | | | | | | |
| | | | | | | | | | | | | | | | | | | | | | | | |
| | | | | | | | | | | | | | | | | | | | | | | | |
| 合　计 | | | | | | | | | | | | | | | | | | | | | | | |

会计主管　　　　　　记账　　　　　　审核　　　　　　制单

## 60. 银行分户账及对账单

### 银行（　　）存款分户账

年　　月　　日

单位名称：　　　　　　　　账号：　　　　　　　　利率：　　%　　　　　　　　第　页

| 月 | 日 | 摘要 | 凭证种类 | 号码 | 借方 | 贷方 | 余额 | 日数 | 积数 |
|---|---|---|---|---|---|---|---|---|---|
| | | | | | | | | | |
| | | | | | | | | | |
| | | | | | | | | | |
| | | | | | | | | | |
| | | | | | | | | | |
| | | | | | | | | | |
| | | | | | | | | | |
| | | | | | | | | | |
| | | | | | | | | | |
| | | | | | | | | | |
| | | | | | | | | | |
| | | | | | | | | | |
| | | | | | | | | | |
| | | | | | | | | | |
| | | | | | | | | | |
| | | | | | | | | | |
| | | | | | | | | | |
| | | | | | | | | | |
| | | | | | | | | | |
| | | | | | | | | | |
| | | | | | | | | | |
| | | | | | | | | | |
| | | | | | | | | | |
| | | | | | | | | | |
| | | | | | | | | | |
| | | | | | | | | | |
| | | | | | | | | | |
| | | | | | | | | | |

记账　　　　　　　　　　　　　　　　　　　　　　　　复核

## 银行（　　）存款对账单

年　　月　　日

单位名称：　　　　　　　　账号：　　　　　　　　　利率：　%　　　　　　　　　　　　　　第　页

| 月 | 日 | 摘要 | 凭证种类 | 号码 | 借方 | 贷方 | 余额 | 日数 | 积数 |
|---|---|---|---|---|---|---|---|---|---|
| | | | | | | | | | |
| | | | | | | | | | |
| | | | | | | | | | |
| | | | | | | | | | |
| | | | | | | | | | |
| | | | | | | | | | |
| | | | | | | | | | |
| | | | | | | | | | |
| | | | | | | | | | |
| | | | | | | | | | |
| | | | | | | | | | |
| | | | | | | | | | |
| | | | | | | | | | |
| | | | | | | | | | |
| | | | | | | | | | |
| | | | | | | | | | |
| | | | | | | | | | |
| | | | | | | | | | |
| | | | | | | | | | |
| | | | | | | | | | |
| | | | | | | | | | |
| | | | | | | | | | |
| | | | | | | | | | |
| | | | | | | | | | |
| | | | | | | | | | |
| | | | | | | | | | |
| | | | | | | | | | |
| | | | | | | | | | |

记账　　　　　　　　　　　　　　　　　　　　　　　　　　　　复核

## （二）会计报表格式

### 资产负债表

会企 01 表

编制单位：　　　　　　　　　　　　年　　月　　日　　　　　　　　　　　　单位：元

| 资　　产 | 期末余额 | 期初余额 | 负债和所有者权益 | 期末余额 | 期初余额 |
|---|---|---|---|---|---|
| 流动资产： | | | 流动负债： | | |
| 货币资金 | | | 短期借款 | | |
| 交易性金融资产 | | | 交易性金融负债 | | |
| 衍生金融资产 | | | 衍生金融负债 | | |
| 应收票据 | | | 应付票据 | | |
| 应收账款 | | | 应付账款 | | |
| 预付款项 | | | 预收款项 | | |
| 其他应收款 | | | 合同负债 | | |
| 其中：应收利息 | | | 应付职工薪酬 | | |
| 应收股利 | | | 应交税费 | | |
| 存货 | | | 其他应付款 | | |
| 合同资产 | | | 其中：应付利息 | | |
| 持有待售资产 | | | 应付股利 | | |
| 一年内到期的非流动资产 | | | 持有待售负债 | | |
| 其他流动资产 | | | 一年内到期的非流动负债 | | |
| 流动资产合计 | | | 其他流动负债 | | |
| 非流动资产： | | | 流动负债合计 | | |
| 债权投资 | | | 非流动负债： | | |
| 其他债权投资 | | | 长期借款 | | |
| 长期应收款 | | | 应付债券 | | |
| 长期股权投资 | | | 其中：优先股 | | |
| 其他权益工具投资 | | | 永续债 | | |
| 其他非流动金融资产 | | | 租赁负债 | | |
| 投资性房地产 | | | 长期应付款 | | |
| 固定资产 | | | 长期应付职工薪酬 | | |
| 在建工程 | | | 预计负债 | | |
| 生产性生物资产 | | | 递延收益 | | |
| 油气资产 | | | 递延所得税负债 | | |
| 使用权资产 | | | 其他非流动负债 | | |
| 无形资产 | | | 非流动负债合计 | | |
| 开发支出 | | | 负债合计 | | |
| 商誉 | | | 所有者权益： | | |
| 长期待摊费用 | | | 实收资本 | | |
| 递延所得税资产 | | | 其他权益工具 | | |
| 其他非流动资产 | | | 其中：优先股 | | |
| 非流动资产合计 | | | 永续债 | | |
| | | | 资本公积 | | |
| | | | 减：库存股 | | |
| | | | 其他综合收益 | | |
| | | | 专项储备 | | |
| | | | 盈余公积 | | |
| | | | 未分配利润 | | |
| | | | 所有者权益合计 | | |
| 资产总计 | | | 负债和所有者权益总计 | | |

## 利润表

会企 02 表

编制单位：　　　　　　　　　　　　年　　月　　　　　　　　　　　　单位：元

| 项目 | 本期金额 | 上期金额 |
| --- | --- | --- |
| 一、营业收入 | | |
| 减：营业成本 | | |
| 税金及附加 | | |
| 销售费用 | | |
| 管理费用 | | |
| 研发费用 | | |
| 财务费用 | | |
| 其中：利息费用 | | |
| 利息收入 | | |
| 加：其他收益 | | |
| 投资收益（损失以“－”号填列） | | |
| 其中：对联营企业和合营企业的投资收益 | | |
| 以摊余成本计算的金融资产终止确认收益（损失以“－”号填列） | | |
| 净敞口套期收益（损失以“－”号填列） | | |
| 公允价值变动收益（损失以“－”号填列） | | |
| 信用减值损失（损失以“－”号填列） | | |
| 资产减值损失（损失以“－”号填列） | | |
| 资产处置收益（损失以“－”号填列） | | |
| 二、营业利润（亏损以“－”号填列） | | |
| 加：营业外收入 | | |
| 减：营业外支出 | | |
| 三、利润总额（亏损总额以“－”号填列） | | |
| 减：所得税费用 | | |
| 四、净利润（净亏损以“－”号填列） | | |
| （一）持续经营净利润（净亏损以“－”号填列） | | |
| （二）终止经营净利润（净亏损以“－”号填列） | | |
| 五、其他综合收益的税后净额 | | |
| （一）不能重分类进损益的其他综合收益 | | |
| 1. 重新计量设定受益计划变动额 | | |
| 2. 权益法下不能转损益的其他综合收益 | | |
| 3. 其他权益工具投资公允价值变动 | | |
| 4. 企业自身信用风险公允价值变动 | | |
| 5. 其他 | | |
| （二）将重分类进损益的其他综合收益 | | |
| 1. 权益法下可转损益的其他综合收益 | | |
| 2. 其他债权投资公允价值变动 | | |
| 3. 金融资产重分类计入其他综合收益的金额 | | |
| 4. 其他债权投资信用减值准备 | | |
| 5. 现金流量套期储备 | | |
| 6. 外币财务报表折算差额 | | |
| 7. 其他 | | |
| 六、综合收益总额 | | |
| 七、每股收益 | | |
| （一）基本每股收益 | | |
| （二）稀释每股收益 | | |

# 所有者权益变动表

会企 03 表

编制单位：　　　　年　　月　　　　单位：元

| 项目 | 本年金额 | | | | | | | | | | | | 上年金额 | | | | | | | | | | | |
|---|---|---|---|---|---|---|---|---|---|---|---|---|---|---|---|---|---|---|---|---|---|---|---|---|
| | 股本 | 其他权益工具 | | | 资本公积 | 减：库存股 | 其他综合收益 | 专项储备 | 盈余公积 | 未分配利润 | 其他 | 所有者权益合计 | 股本 | 其他权益工具 | | | 资本公积 | 减：库存股 | 其他综合收益 | 专项储备 | 盈余公积 | 未分配利润 | 其他 | 所有者权益合计 |
| | | 优先股 | 永续债 | 其他 | | | | | | | | | | 优先股 | 永续债 | 其他 | | | | | | | | |
| 一、上年年末余额 | | | | | | | | | | | | | | | | | | | | | | | | |
| 加：会计政策变更 | | | | | | | | | | | | | | | | | | | | | | | | |
| 前期差错更正 | | | | | | | | | | | | | | | | | | | | | | | | |
| 其他 | | | | | | | | | | | | | | | | | | | | | | | | |
| 二、本年年初余额 | | | | | | | | | | | | | | | | | | | | | | | | |
| 三、本年增减变动金额（减少以“—”号填列） | | | | | | | | | | | | | | | | | | | | | | | | |
| （一）综合收益总额 | | | | | | | | | | | | | | | | | | | | | | | | |
| （二）所有者投入和减少资本 | | | | | | | | | | | | | | | | | | | | | | | | |
| 1. 所有者投入的普通股 | | | | | | | | | | | | | | | | | | | | | | | | |
| 2. 其他权益工具持有者投入资本 | | | | | | | | | | | | | | | | | | | | | | | | |
| 3. 股份支付计入所有者权益金额 | | | | | | | | | | | | | | | | | | | | | | | | |
| 4. 其他 | | | | | | | | | | | | | | | | | | | | | | | | |
| （三）利润分配 | | | | | | | | | | | | | | | | | | | | | | | | |
| 1. 提取盈余公积 | | | | | | | | | | | | | | | | | | | | | | | | |
| 2. 对所有者（或股东）的分配 | | | | | | | | | | | | | | | | | | | | | | | | |
| 3. 其他 | | | | | | | | | | | | | | | | | | | | | | | | |
| （四）所有者权益内部结转 | | | | | | | | | | | | | | | | | | | | | | | | |
| 1. 资本公积转增资本（或股本） | | | | | | | | | | | | | | | | | | | | | | | | |
| 2. 盈余公积转增资本（或股本） | | | | | | | | | | | | | | | | | | | | | | | | |
| 3. 盈余公积弥补亏损 | | | | | | | | | | | | | | | | | | | | | | | | |
| 4. 设定受益计划变动额结转留存收益 | | | | | | | | | | | | | | | | | | | | | | | | |
| 5. 其他综合收益结转留存收益 | | | | | | | | | | | | | | | | | | | | | | | | |
| 6. 其他 | | | | | | | | | | | | | | | | | | | | | | | | |
| 四、本年年末余额 | | | | | | | | | | | | | | | | | | | | | | | | |

## 现金流量表

会企 04 表

编制单位：　　　　　　　　　　　　年　　月　　　　　　　　　　　　单位：元

| 项目 | 本期金额 | 上期金额 |
| --- | --- | --- |
| 一、经营活动产生的现金流量 | | |
| 销售商品、提供劳务收到的现金 | | |
| 收到的税费返还 | | |
| 收到其他与经营活动有关的现金 | | |
| 经营活动的现金流入小计 | | |
| 购买商品、接受劳务支付的现金 | | |
| 支付给职工以及为职工支付的现金 | | |
| 支付的各项税费 | | |
| 支付其他与经营活动有关的现金 | | |
| 经营活动的现金流出小计 | | |
| 经营活动产生的现金净流量 | | |
| 二、投资活动产生的现金流量 | | |
| 收回投资收到的现金 | | |
| 取得投资收益收到的现金 | | |
| 处置固定资产、无形资产和其他长期资产收回的现金净额 | | |
| 处置子公司及其他营业单位收到的现金净额 | | |
| 收到其他与投资活动有关的现金 | | |
| 投资活动的现金流入小计 | | |
| 购建固定资产、无形资产和其他长期资产所支付的现金 | | |
| 投资所支付的现金 | | |
| 取得子公司及其他营业单位支付的现金净额 | | |
| 支付其他与投资活动有关的现金 | | |
| 投资活动的现金流出小计 | | |
| 投资活动产生的现金流量净额 | | |
| 三、筹资活动产生的现金流量 | | |
| 吸收投资所收到的现金 | | |
| 取得借款所收到的现金 | | |
| 收到其他与筹资活动有关的现金 | | |
| 筹资活动的现金流入小计 | | |
| 偿还债务所支付的现金 | | |
| 分配股利、利润或偿付利息所支付的现金 | | |
| 支付其他与筹资活动有关的现金 | | |
| 筹资活动的现金流出小计 | | |
| 筹资活动产生的现金流量净额 | | |
| 四、汇率变动对现金及现金等价物的影响 | | |
| 五、现金及现金等价物净增加额 | | |
| 加：期初现金及现金等价物余额 | | |
| 六、期末现金及现金等价物余额 | | |

## 二、审计附件资料样本

**审计档案目录**

| 索引号 | 档案内容 | 责任人 | 备注 |
|---|---|---|---|
| A | 一、综合类底稿 | | |
| A1 | （一）审计报告书 | | |
| A2 | （二）已审财务报表 | | |
| A3 | （三）试算平衡表工作底稿 | | |
| A4 | （四）审计差异汇总表 | | |
| A5 | （五）未审财务报表 | | |
| A6 | （六）审计工作总结 | | |
| A7 | （七）总体审计策略 | | |
| A8 | （八）审计业务约定书 | | |
| ⋮ | ⋮ | | |
| B | 二、风险评估工作底稿 | | |
| C | 三、进一步审计程序工作底稿 | | |
| C1 | （一）内控测试工作底稿 | | |
| C2 | （二）实质性程序工作底稿 | | |
| | 1. 货币资金 | | |
| | 2. 应收账款 | | |
| | 3. 存货 | | |
| | ⋮ | | |
| | 四、其他项目工作底稿 | | |
| | （一）期后事项的审计 | | |
| | ⋮ | | |
| | 五、备查类工作底稿 | | |

**1. 审计业务约定书**

索引号：A8

**审计业务约定书**

甲方：__________公司

乙方：________会计师事务所

兹由甲方委托乙方对________年度财务报表进行审计，经双方协商，达成以下约定：

**一、业务范围与审计目标**

1. 乙方接受甲方委托，对甲方按照企业会计准则和《××会计制度》编制的______年12月31日的资产负债表，______年度的利润表、所有者权益变动表和现金流量表以及财务报表附注（以下统称财务报表）进行审计。

2. 乙方通过执行审计工作，对财务报表的下列方面发表审计意见：（1）财务报表是否按照企业会计准则和《××会计制度》的规定编制；(2) 财务报表是否在所有重大方面公允反映甲方的财务状况、经营成果和现金流量。

**二、甲方的责任与义务**

（一）甲方的责任

1. 根据《中华人民共和国会计法》及《企业财务会计报告条例》，甲方及甲方负责人有责任保证会计资料的真实性和完整性。因此，甲方管理层有责任妥善保存和提供会计记录（包括但不限于会计凭证、会计账簿及其他会计资料），这些记录必须真实、完整地反映甲方的财务状况、经营成果和现金流量。

2. 按照企业会计准则和《××会计制度》的规定编制财务报表是甲方管理层的责任，这种责任包括：(1) 设计、实施和维护与财务报表编制相关的内部控制，以使财务报表不存在由于舞弊或错误而导致的重大错报；(2) 选择和运用恰当的会计政策；(3) 作出合理的会计估计。

（二）甲方的义务

1. 及时为乙方的审计工作提供其所要求的全部会计资料和其他有关资料（在______年____月____日之前提供审计所需的全部资料），并保证所提供资料的真实性和完整性。

2. 确保乙方不受限制地接触任何与审计有关的记录、文件和所需的其他信息。

3. 甲方管理层对其作出的与审计有关的声明予以书面确认。

4. 为乙方派出的有关工作人员提供必要的工作条件和协助，主要事项将由乙方于外勤工作开始前提供清单。

5. 按本约定书的约定及时足额支付审计费用以及乙方人员在审计期间的交通、食宿和其他相关费用。

**三、乙方的责任和义务**

（一）乙方的责任

1. 乙方的责任是在实施审计工作的基础上对甲方财务报表发表审计意见。乙方按照中国注册会计师审计准则（以下简称审计准则）的规定进行审计。审计准则要求注册会计师遵守职业道德规范，计划和实施审计工作，以对财务报表不存在重大错报获取合理保证。

2. 审计工作涉及实施审计程序，以获取有关财务报表金额和披露的审计证据。选择的审计程序取决于乙方的判断，包括对由于舞弊或错误导致的财务报表重大错报风险的评估。在进行风险评估时，乙方考虑与财务报表编制相关的内部控制，以设计恰当的审计程序，但目的并非对内部控制的有效性发表意见。审计工作还包括评价管理层选用会计政策的恰当性和作出会计估计的合理性，以及评价财务报表的总体列报。

3. 乙方需要合理计划和实施审计工作，以使乙方能够获取充分、适当的审计证据，为甲方财务报表不存在重大错报获取合理保证。

4. 乙方有责任在审计报告中指明所发现的甲方在某重大方面没有遵循企业会计准则和《××会计制度》编制财务报表且未按乙方的建议进行调整的事项。

5. 由于测试的性质和审计的其他固有限制，以及内部控制的固有局限性，不可避免地存在着某些重大错报在审计后可能仍然未被乙方发现的风险。

6. 在审计过程中，乙方若发现甲方内部控制存在乙方认为的重要缺陷，应向甲方提交管理建议书。但乙方在管理建议书中提出的各种事项，并不代表已全面说明所有可能存在的缺陷或已提出所有可行的改善建议。甲方在实施乙方提出的改善建议前应全面评估其影响。未经乙方书面许可，甲方不得向任何第三方提供乙方出具的管理建议书。

7. 乙方的审计不能减轻甲方及甲方管理层的责任。

（二）乙方的义务

1. 按照约定时间完成审计工作，出具审计报告。乙方应于______年____月____日前出具审计报告。

2. 除下列情况外，乙方应当对执行业务过程中知悉的甲方信息予以保密：(1) 取得甲方的授权；(2) 根据法律法规的规定，为法律诉讼准备文件或提供证据，以及向监管机构报告发现的违反法规行为；(3) 接受行业协会和监管机构依法进行的质量检查；(4) 监管机构对乙方进行行政处罚（包括监管机构处罚前的调查、听证）以及乙方对此提起行政复议。

**四、审计收费**

1. 本次审计服务的收费是以乙方各级别工作人员在本次工作中所耗费的时间为基础计算的。乙方预计本次审计服务的费用总额为人民币______万元。

2. 甲方应于本约定书签署之日起______日内支付______%的审计费用，其余款项于________结清。

…………

5. 与本次审计有关的其他费用（包括交通费、食宿费等）由甲方承担。

**五、审计报告和审计报告的使用**

1. 乙方按照《中国注册会计师审计准则第 1501 号——对财务报表形成审计意见和出具审计报告》和《中国注册会计师审计准则第 1502 号——在审计报告中发表非无保留意见》规定的格式和类型出具审计报告。

2. 乙方向甲方致送审计报告一式______份。

3. 甲方在提交或对外公布审计报告时，不得修改乙方出具的审计报告及其后附的已审计财务报表。当甲方认为有必要修改会计数据、报表附注和所作的说明时，应当事先通知乙方，乙方将考虑有关的修改对审计报告的影响，必要时，将重新出具审计报告。

**六、本约定书的有效期间**

**七、约定事项的变更**

**八、终止条款**

**九、违约责任**

**十、适用法律和争议解决**

**十一、双方对其他有关事项的约定**

本约定书一式两份，甲、乙方各执一份，具有同等法律效力。

甲方：__________公司（盖章）　　　　乙方：________会计师事务所（盖章）

授权代表：______（签名并盖章）　　　授权代表：______（签名并盖章）

______年__月__日　　　　　　　　　______年__月__日

## 2. 总体审计策略

索引号：A7

### 总体审计策略

一、审计范围

二、审计业务时间安排

（一）对外报告时间安排：

（二）执行审计时间安排：

| 执行审计时间安排 | 时间 |
|---|---|
| | |
| | |
| | |
| | |
| | |
| | |
| | |
| | |
| | |

（三）沟通的时间安排：

三、影响审计业务的重要因素

（一）确定的重要性水平：______元（索引号______）

（二）可能存在较高重大错报风险的领域：

四、人员安排

| 职位 | 姓名 | 主要职责 |
|---|---|---|
| | | |
| | | |
| | | |
| | | |
| | | |
| | | |
| | | |

五、对专家或有关人士工作的利用（如适用）

（一）对内部审计工作的利用：

（二）对其他注册会计师工作的利用：

（三）对专家工作的利用：

（四）对被审计单位使用服务机构的考虑：

## 3. 审计工作总结

**审计工作总结**

| | | | |
|---|---|---|---|
| 被审计单位 | | 索引号 | |
| 项目 | | 财务报表截止日/期间 | |
| 编制 | | 复核 | |
| 日期 | | 日期 | |

| |
|---|
| 一、评估的财务报表层次的重大错报风险及总体应对措施 |
| 二、评估的特别风险及应对措施 |
| 三、对审计计划作出的修改及其原因 |
| 四、对被审计单位持续经营能力产生影响的事项及其处理 |
| 五、对期后事项的审查情况 |
| 六、重大问题处理及与客户交换意见情况 |
| 七、审计结论 |
| 八、对下年度工作的建议 |

## 4. 账项调整分录汇总表

**账项调整分录汇总表**

| | | | |
|---|---|---|---|
| 被审计单位 | | 索引号 | |
| 项目 | | 财务报表截止日/期间 | |
| 编制 | | 复核 | |
| 日期 | | 日期 | |

| 序号 | 内容及说明 | 索引号 | 调整内容 | | | | 影响利润表<br>＋（－） | 影响资产负债表<br>＋（－） |
|---|---|---|---|---|---|---|---|---|
| | | | 借方项目 | 借方金额 | 贷方项目 | 贷方金额 | | |
| | | | | | | | | |
| | | | | | | | | |
| | | | | | | | | |
| | | | | | | | | |
| | | | | | | | | |
| | | | | | | | | |
| | | | | | | | | |
| | | | | | | | | |
| | | | | | | | | |
| | | | | | | | | |
| | | | | | | | | |
| | | | | | | | | |
| | | | | | | | | |
| | | | | | | | | |
| | | | | | | | | |
| | | | | | | | | |
| | | | | | | | | |

与被审计单位的沟通：

参加人员：

被审计单位：

审计项目组：

被审计单位的意见：

结论：

是否同意上述审计调整：

被审计单位授权代表签字：　　　　　　　　　　　　日期：

## 5. 重分类调整分录汇总表

### 重分类调整分录汇总表

| | | | |
|---|---|---|---|
| 被审计单位 | | 索引号 | |
| 项目 | | 财务报表截止日/期间 | |
| 编制 | | 复核 | |
| 日期 | | 日期 | |

| 序号 | 内容及说明 | 索引号 | 调整项目和金额 | | | |
|---|---|---|---|---|---|---|
| | | | 借方项目 | 借方金额 | 贷方项目 | 贷方金额 |
| | | | | | | |
| | | | | | | |
| | | | | | | |
| | | | | | | |
| | | | | | | |
| | | | | | | |
| | | | | | | |
| | | | | | | |
| | | | | | | |
| | | | | | | |
| | | | | | | |
| | | | | | | |
| | | | | | | |
| | | | | | | |
| | | | | | | |
| | | | | | | |
| | | | | | | |
| | | | | | | |
| | | | | | | |

与被审计单位的沟通：

参加人员：

　　被审计单位：

　　审计项目组：

被审计单位的意见：

结论：

　　是否同意上述审计调整：

　　被审计单位授权代表签字：　　　　　　　　　　　　日期：

### 6. 列报调整汇总表

**列报调整汇总表**

| | | | |
|---|---|---|---|
| 被审计单位 | | 索引号 | |
| 项目 | | 财务报表截止日/期间 | |
| 编制 | | 复核 | |
| 日期 | | 日期 | |

一、被审计单位财务报表附注中的漏报项目包括：

二、被审计单位财务报表附注中的错报调整项目包括：

## 7. 未更正错报汇总表

未更正错报汇总表

| | | | |
|---|---|---|---|
| 被审计单位 | | 索引号 | |
| 项目 | | 财务报表截止日/期间 | |
| 编制 | | 复核 | |
| 日期 | | 日期 | |

| 序号 | 内容及说明 | 索引号 | 未调整内容 | | | | 备注 |
|---|---|---|---|---|---|---|---|
| | | | 借方项目 | 借方金额 | 贷方项目 | 贷方金额 | |
| | | | | | | | |
| | | | | | | | |
| | | | | | | | |
| | | | | | | | |
| | | | | | | | |
| | | | | | | | |
| | | | | | | | |
| | | | | | | | |
| | | | | | | | |
| | | | | | | | |
| | | | | | | | |
| | | | | | | | |
| | | | | | | | |
| | | | | | | | |
| | | | | | | | |
| | | | | | | | |

未更正错报的影响：

| 项目 | 金额 | 百分比 | 计划百分比 |
|---|---|---|---|
| 1. 总资产 | | | |
| 2. 净资产 | | | |
| 3. 销售收入 | | | |
| 4. 费用总额 | | | |
| 5. 毛利 | | | |
| 6. 净利润 | | | |

结论：

被审计单位授权代表签字：　　　　　　日期：

## 8. 资产负债表试算平衡表

**资产负债表试算平衡表**

| 被审计单位 | | | | | | | 索引号 | | | | | | |
|---|---|---|---|---|---|---|---|---|---|---|---|---|---|
| 项目 | | | | | | | 财务报表截止日/期间 | | | | | | |
| 编制 | | | | | | | 复核 | | | | | | |
| 日期 | | | | | | | 日期 | | | | | | |
| 项目 | 期末未审数 | 账项调整 | | 重分类调整 | | 期末审定数 | 项目 | 期末未审数 | 账项调整 | | 重分类调整 | | 期末审定数 |
| | | 借方 | 贷方 | 借方 | 贷方 | | | | 借方 | 贷方 | 借方 | 贷方 | |
| 货币资金 | | | | | | | 短期借款 | | | | | | |
| 交易性金融资产 | | | | | | | 交易性金融负债 | | | | | | |
| 衍生金融资产 | | | | | | | 衍生金融负债 | | | | | | |
| 应收票据 | | | | | | | 应付票据 | | | | | | |
| 应收账款 | | | | | | | 应付账款 | | | | | | |
| 预付款项 | | | | | | | 预收款项 | | | | | | |
| 其他应收款 | | | | | | | 合同负债 | | | | | | |
| 其中：应收利息 | | | | | | | 应付职工薪酬 | | | | | | |
| 应收股利 | | | | | | | 应交税费 | | | | | | |
| 存货 | | | | | | | 其他应付款 | | | | | | |
| 合同资产 | | | | | | | 其中：应付利息 | | | | | | |
| 持有待售资产 | | | | | | | 应付股利 | | | | | | |
| 一年内到期的非流动资产 | | | | | | | 持有待售负债 | | | | | | |
| 其他流动资产 | | | | | | | 一年内到期的非流动负债 | | | | | | |
| 债权投资 | | | | | | | 其他流动负债 | | | | | | |
| 其他债权投资 | | | | | | | 长期借款 | | | | | | |

续表

| 项目 | 期末未审数 | 账项调整 | | 重分类调整 | | 期末审定数 | 项目 | 期末未审数 | 账项调整 | | 重分类调整 | | 期末审定数 |
|---|---|---|---|---|---|---|---|---|---|---|---|---|---|
| | | 借方 | 贷方 | 昔方 | 贷方 | | | | 借方 | 贷方 | 借方 | 贷方 | |
| 长期应收款 | | | | | | | 应付债券 | | | | | | |
| 长期股权投资 | | | | | | | 其中：优先股 | | | | | | |
| 其他权益工具投资 | | | | | | | 永续债 | | | | | | |
| 其他非流动金融资产 | | | | | | | 租赁负债 | | | | | | |
| 投资性房地产 | | | | | | | 长期应付款 | | | | | | |
| 固定资产 | | | | | | | 长期应付职工薪酬 | | | | | | |
| 在建工程 | | | | | | | 预计负债 | | | | | | |
| 生产性生物资产 | | | | | | | 递延收益 | | | | | | |
| 油气资产 | | | | | | | 递延所得税负债 | | | | | | |
| 使用权资产 | | | | | | | 其他非流动负债 | | | | | | |
| 无形资产 | | | | | | | 实收资本 | | | | | | |
| 开发支出 | | | | | | | 其他权益工具 | | | | | | |
| 商誉 | | | | | | | 其中：优先股 | | | | | | |
| 长期待摊费用 | | | | | | | 永续债 | | | | | | |
| 递延所得税资产 | | | | | | | 资本公积 | | | | | | |
| 其他非流动资产 | | | | | | | 减：库存股 | | | | | | |
| | | | | | | | 其他综合收益 | | | | | | |
| | | | | | | | 专项储备 | | | | | | |
| | | | | | | | 盈余公积 | | | | | | |
| | | | | | | | 未分配利润 | | | | | | |
| 合计 | | | | | | | 合计 | | | | | | |

### 9. 利润表试算平衡表

利润表试算平衡表

| | | | |
|---|---|---|---|
| 被审计单位 | | 索引号 | |
| 项目 | | 财务报表截止日/期间 | |
| 编制 | | 复核 | |
| 日期 | | 日期 | |

| 项目 | | 未审数 | 调整金额 | | 审定数 | 索引号 |
|---|---|---|---|---|---|---|
| | | | 借方 | 贷方 | | |
| 一 | 营业收入 | | | | | |
| | 减：营业成本 | | | | | |
| | 税金及附加 | | | | | |
| | 销售费用 | | | | | |
| | 管理费用 | | | | | |
| | 研发费用 | | | | | |
| | 财务费用 | | | | | |
| | 其中：利息费用 | | | | | |
| | 利息收入 | | | | | |
| | 加：其他收益 | | | | | |
| | 投资收益 | | | | | |
| | 其中：对联营企业和合营企业的投资收益 | | | | | |
| | 以摊余成本计算的金融资产终止确认收益 | | | | | |
| | 净敞口套期收益 | | | | | |
| | 公允价值变动收益 | | | | | |
| | 信用减值损失 | | | | | |
| | 资产减值损失 | | | | | |
| | 资产处置收益 | | | | | |
| 二 | 营业利润 | | | | | |
| | 加：营业外收入 | | | | | |
| | 减：营业外支出 | | | | | |
| 三 | 利润总额 | | | | | |
| | 减：所得税费用 | | | | | |
| 四 | 净利润 | | | | | |
| （一） | 持续经营净利润 | | | | | |

续表

| 项目 | | 未审数 | 调整金额 | | 审定数 | 索引号 |
|---|---|---|---|---|---|---|
| | | | 借方 | 贷方 | | |
| (二) | 终止经营净利润 | | | | | |
| 五 | 其他综合收益的税后净额 | | | | | |
| (一) | 不能重分类进损益的其他综合收益 | | | | | |
| 1 | 重新计量设定受益计划变动额 | | | | | |
| 2 | 权益法下不能转损益的其他综合收益 | | | | | |
| 3 | 其他权益工具投资公允价值变动 | | | | | |
| 4 | 企业自身信用风险公允价值变动 | | | | | |
| 5 | 其他 | | | | | |
| (二) | 将重分类进损益的其他综合收益 | | | | | |
| 1 | 权益法下可转损益的其他综合收益 | | | | | |
| 2 | 其他债权投资公允价值变动 | | | | | |
| 3 | 金融资产重分类计入其他综合收益的金额 | | | | | |
| 4 | 其他债权投资信用减值准备 | | | | | |
| 5 | 现金流量套期储备 | | | | | |
| 6 | 外币财务报表折算差额 | | | | | |
| 7 | 其他 | | | | | |
| 六 | 综合收益总额 | | | | | |

**10. 无保留意见审计报告的参考格式**

索引号：__A1__

## 审 计 报 告

______________公司全体股东：

一、审计意见

我们审计了____________公司（以下简称______公司）财务报表，包括______年____月____日的资产负债表，______年度的利润表、现金流量表、股东权益变动表以及相关财务报表附注。

我们认为，后附的财务报表在所有重大方面按照企业会计准则的规定编制，公允反映了________公司____年____月____日的财务状况以及______年度的经营成果和现金流量。

二、形成审计意见的基础

我们按照中国注册会计师审计准则的规定执行了审计工作。审计报告的“注册会计师对财务报表审计的责任”部分进一步阐述了我们在这些准则下的责任。按照中国注册会计师职业道德守则，我们独立于______公司，并履行了职业道德方面的其他责任。我们相信，我们获取的审计证据是充分、适当的，为发表审计意见提供了基础。

三、关键审计事项

关键审计事项是我们根据职业判断，认为对本期财务报表审计最为重要的事项。这些事项的应对以对财务报表整体进行审计并形成审计意见为背景，我们不对这些事项单独发表意见。

四、管理层和治理层对财务报表的责任

______公司管理层（以下简称管理层）负责按照企业会计准则的规定编制财务报表，使其实现公允反映，并设计、执行和维护必要的内部控制，以使财务报表不存在由于舞弊或错误导致的重大错报。

在编制财务报表时，管理层负责评估______公司的持续经营能力，披露与持续经营相关的事项（如适用），并运用持续经营假设，除非管理层计划清算______公司、终止运营或别无其他现实的选择。治理层负责监督______公司的财务报告过程。

五、注册会计师对财务报表审计的责任

我们的目标是对财务报表整体是否不存在由于舞弊或错误导致的重大错报获取合理保证，并出具包含审计意见的审计报告。合理保证是高水平的保证，但并不能保证按照审计准则执行的审计在某一重大错报存在时总能发现。错报可能由于舞弊或错误导致，如果合理预期错报单独或汇总起来可能影响财务报表使用者依据财务报表作出的经济决策，则通常认为错报是重大的。

在按照审计准则执行审计工作的过程中，我们运用职业判断，并保持职业怀疑。同时，我们也执行以下工作：

（1）识别和评估由于舞弊或错误导致的财务报表重大错报风险，设计和实施审计程序以应对这些风险，并获取充分、适当的审计证据，作为发表审计意见的基础。由于舞弊可能涉及串通、伪造、故意遗漏、虚假陈述或凌驾于内部控制之上，未能发现由于舞弊导致的重大错报的风险高于未能发现由于错误导致的重大错报的风险。

（2）了解与审计相关的内部控制，以设计恰当的审计程序，但目的并非对内部控制的有效性发表意见。

（3）评价管理层选用会计政策的恰当性和作出会计估计及相关披露的合理性。

（4）对管理层使用持续经营假设的恰当性得出结论。同时，根据获取的审计证据，就可能导致对______公司持续经营能力产生重大疑虑的事项或情况是否存在重大不确定性得出结论。如果我们得出结论认为存在重大不确定性，审计准则要求我们在审计报告中提请报表使用者注意财务报表中的相关披露；如果披露不充分，我们应当发表非无保留意见。我们的结论基于截至审计报告日可获得的信息。然而，未来的事项或情况可能导致______公司不能持续经营。

（5）评价财务报表的总体列报、结构和内容，并评价财务报表是否公允反映相关交易和事项。

我们与治理层就计划的审计范围、时间安排和重大审计发现等事项进行沟通，包括沟通我们在审计中识别出的值得关注的内部控制缺陷。

__________会计师事务所　　　　　　　　　中国注册会计师：__________
（盖章）　　　　　　　　　　　　　　　　　（签名并盖章）

中国______市　　　　　　　　　　　　　　中国注册会计师：__________
　　　　　　　　　　　　　　　　　　　　　（签名并盖章）

年　月　日

备注：根据需要，可增加强调事项段等内容。

**11. 保留意见审计报告的参考格式**

索引号：<u>A1</u>

## 审 计 报 告

__________公司全体股东：

一、保留意见

我们审计了_________公司（以下简称_____公司）财务报表，包括_____年____月____日的资产负债表，_____年度的利润表、现金流量表、股东权益变动表以及相关财务报表附注。

我们认为，除“形成保留意见的基础”部分所述事项产生的影响外，后附的财务报表在所有重大方面按照企业会计准则的规定编制，公允反映了________公司____年____月____日的财务状况以及_____年度的经营成果和现金流量。

二、形成保留意见的基础

三、关键审计事项

关键审计事项是我们根据职业判断，认为对本期财务报表审计最为重要的事项。这些事项的应对以对财务报表整体进行审计并形成审计意见为背景，我们不对这些事项单独发表意见。除“形成保留意见的基础”部分所述事项外，我们确定下列事项是需要在审计报告中沟通的关键审计事项。

四、管理层和治理层对财务报表的责任

[按照《中国注册会计师审计准则第 1501 号——对财务报表形成审计意见和出具审计报告》的规定报告，参见《〈中国注册会计师审计准则第 1501 号——对财务报表形成审计意见和出具审计报告〉应用指南》参考格式 2。]

五、注册会计师对财务报表审计的责任

[按照《中国注册会计师审计准则第 1501 号——对财务报表形成审计意见和出具审计报告》的规定报告，参见《〈中国注册会计师审计准则第 1501 号——对财务报表形成审计意见和出具审计报告〉应用指南》参考格式 2。]

_________会计师事务所　　　　　　　　中国注册会计师：_________

（盖章）　　　　　　　　　　　　　　　　（签名并盖章）

中国_____市　　　　　　　　　　　　　中国注册会计师：_________

（签名并盖章）

年　　月　　日

**12. 否定意见审计报告的参考格式**

索引号：A1

**审 计 报 告**

____________公司全体股东：

一、否定意见

我们审计了__________公司（以下简称_____公司）财务报表，包括_____年____月____日的资产负债表，_____年度的利润表、现金流量表、股东权益变动表以及相关财务报表附注。

我们认为，由于“形成否定意见的基础”部分所述事项的重要性，后附的财务报表没有在所有重大方面按照企业会计准则的规定编制，未能公允反映________公司____年____月____日的财务状况以及_____年度的经营成果和现金流量。

二、形成否定意见的基础

三、关键审计事项

四、管理层和治理层对财务报表的责任

五、注册会计师对财务报表审计的责任

________会计师事务所（盖章）

中国_____市

中国注册会计师：________（签名并盖章）

中国注册会计师：________（签名并盖章）

年　　月　　日

**13. 无法表示意见审计报告的参考格式**

索引号：A1

**审 计 报 告**

________公司全体股东：

一、无法表示意见

我们接受委托，审计______公司（以下简称____公司）财务报表，包括____年___月___日的资产负债表，____年度的利润表、现金流量表、股东权益变动表以及相关财务报表附注。

我们不对后附的____公司财务报表发表审计意见。由于“形成无法表示意见的基础”部分所述事项的重要性，我们无法获取充分、适当的审计证据以作为对财务报表发表审计意见的基础。

二、形成无法表示意见的基础

三、管理层和治理层对财务报表的责任

四、注册会计师对财务报表审计的责任

我们的责任是按照中国注册会计师审计准则的规定，对____公司的财务报表执行审计工作，以出具审计报告。但由于“形成无法表示意见的基础”部分所述的事项，我们无法获取充分、适当的审计证据以作为发表审计意见的基础。

按照中国注册会计师职业道德守则，我们独立于____公司，并履行了职业道德方面的其他责任。

______会计师事务所　　　　中国注册会计师：______

（盖章）　　　　（签名并盖章）

中国____市　　　　中国注册会计师：______

（签名并盖章）

年　　月　　日

## 14. 风险评估讨论纪要

**项目组讨论纪要——风险评估**

<table>
<tr><td>被审计单位</td><td></td><td>索引号</td><td></td></tr>
<tr><td>项目</td><td></td><td>财务报表截止日/期间</td><td></td></tr>
<tr><td>编制</td><td></td><td>复核</td><td></td></tr>
<tr><td>日期</td><td></td><td>日期</td><td></td></tr>
<tr><td>会议日期</td><td colspan="3"></td></tr>
<tr><td>会议地点</td><td colspan="3"></td></tr>
<tr><td>参加人员</td><td colspan="3"></td></tr>
<tr><td colspan="4">讨论内容记录</td></tr>
<tr><td colspan="4">一、项目组就财务报表存在重大错报的可能性进行的讨论以及得出的重要结论</td></tr>
<tr><td colspan="4"></td></tr>
<tr><td colspan="4">二、项目组就由于舞弊导致财务报表发生重大错报的可能性进行的讨论</td></tr>
<tr><td colspan="4"></td></tr>
</table>

## 15. 库存现金监盘表

**库存现金监盘表**

| | | | |
|---|---|---|---|
| 被审计单位 | | 索引号 | |
| 项目 | | 财务报表截止日/期间 | |
| 编制 | | 复核 | |
| 日期 | | 日期 | |

| 检查盘点记录 | | | | 实有库存现金盘点记录 | | | | |
|---|---|---|---|---|---|---|---|---|
| 项目 | 项次 | 人民币 | 某外币 | 面额 | 人民币 | | 某外币 | |
| 上一日账面库存余额 | ① | | | | 张 | 金额 | 张 | 金额 |
| 盘点日未记账传票收入金额 | ② | | | | | | | |
| 盘点日未记账传票支出金额 | ③ | | | | | | | |
| 盘点日账面应有金额 | ④=①+②−③ | | | 100 元 | | | | |
| 盘点日实有库存现金数额 | ⑤ | | | 50 元 | | | | |
| 盘点日应有与实有差异 | ⑥=④−⑤ | | | 10 元 | | | | |
| 差异原因分析：白条抵库（张） | | | | 5 元 | | | | |
| 差异原因分析 | | | | 2 元 | | | | |
| 差异原因分析 | | | | 1 元 | | | | |
| 差异原因分析 | | | | 0.5 元 | | | | |
| 差异原因分析 | | | | 0.2 元 | | | | |
| 差异原因分析 | | | | 0.1 元 | | | | |
| 差异原因分析 | | | | 合计 | | | | |
| 追溯调整：报表日至审计日库存现金付出总额 | | | | | | | | |
| 追溯调整：报表日至审计日库存现金收入总额 | | | | | | | | |
| 追溯调整：报表日库存现金应有余额 | | | | | | | | |
| 追溯调整：报表日账面汇率 | | | | | | | | |
| 追溯调整：报表日余额折合本位币金额 | | | | | | | | |
| | | | | | | | | |
| | | | | | | | | |
| | | | | | | | | |
| | | | | | | | | |
| 本位币合计 | | | | | | | | |

出纳员　　　　会计主管人员　　　　监盘人　　　　检查日期

审计说明：

| |
|---|
| |

## 16. 银行存款（其他货币资金）明细表

**银行存款（其他货币资金）明细表**

| | | | |
|---|---|---|---|
| 被审计单位 | | 索引号 | |
| 项目 | | 财务报表截止日/期间 | |
| 编制 | | 复核 | |
| 日期 | | 日期 | |

| 开户行 | 账号 | 是否系质押、冻结等对变现有限制或存在境外的款项 | 银行存款日记账原币余额 | 银行已收、企业未入账金额 | 银行已付、企业未入账金额 | 调整后银行日记账余额 | 银行对账单余额（原币） | 企业已收、银行未入账金额 | 企业已付、银行未入账金额 | 调整后银行对账单余额 | 调整后是否相符 |
|---|---|---|---|---|---|---|---|---|---|---|---|
| | | | ① | ② | ③ | ④=①+②−③ | ⑤ | ⑥ | ⑦ | ⑧=⑤+⑥−⑦ | |
| | | | | | | | | | | | |
| | | | | | | | | | | | |
| | | | | | | | | | | | |
| | | | | | | | | | | | |
| | | | | | | | | | | | |
| | | | | | | | | | | | |
| | | | | | | | | | | | |
| | | | | | | | | | | | |
| | | | | | | | | | | | |
| 合计 | | | | | | | | | | | |

编制说明：（1）若账面余额（原币数）与银行对账单金额不一致，应另行检查银行存款余额调节表；（2）银行存款、其他货币资金审计时均可使用该表，用于其他货币资金时应修改索引号。

审计说明：

| |
|---|
| |

**17. 对银行存款余额调节表的检查**

对银行存款余额调节表的检查

| | | | | | |
|---|---|---|---|---|---|
| 被审计单位 | | | 索引号 | | |
| 项目 | | | 财务报表截止日/期间 | | |
| 编制 | | | 复核 | | |
| 日期 | | | 日期 | | |
| 开户银行 | | 银行账号 | | 币种 | |

| 项目 | 金额 | 调节项目说明 | 是否需要审计调整 |
|---|---|---|---|
| 银行对账单余额 | | | |
| 加：企业已收、银行尚未入账合计金额 | | | |
| 其中：1. | | | |
| 2. | | | |
| 减：企业已付、银行尚未入账合计金额 | | | |
| 其中：1. | | | |
| 2. | | | |
| 调整后银行对账单余额 | | | |
| 企业银行存款日记账余额 | | | |
| 加：银行已收、企业尚未入账合计金额 | | | |
| 其中：1. | | | |
| 2. | | | |
| 减：银行已付、企业尚未入账合计金额 | | | |
| 其中：1. | | | |
| 2. | | | |
| 调整后企业银行存款日记账余额 | | | |
| 经办会计人员（签字）： 会计主管（签字）： | | | |

审计说明：

| |
|---|
| |

## 18. 银行存单检查表

### 银行存单检查表

| | | | |
|---|---|---|---|
| 被审计单位 | | 索引号 | |
| 项目 | | 财务报表截止日/期间 | |
| 编制 | | 复核 | |
| 日期 | | 日期 | |

| 开户银行 | 账号 | 币种 | 存入日期 | 到期日 | 期末存单余额 | 期末账面余额 | 备注 |
|---|---|---|---|---|---|---|---|
| | | | | | | | |
| | | | | | | | |
| | | | | | | | |
| | | | | | | | |
| | | | | | | | |
| | | | | | | | |
| | | | | | | | |
| | | | | | | | |
| | | | | | | | |
| | | | | | | | |
| | | | | | | | |
| | | | | | | | |
| | | | | | | | |
| | | | | | | | |
| | | | | | | | |
| | | | | | | | |
| | | | | | | | |

注：备注栏可填写是否被质押、用于担保或存在其他使用限制等情况说明。

审计说明：

## 19. 银行存款函证结果汇总表

### 银行存款函证结果汇总表

| | | | |
|---|---|---|---|
| 被审计单位 | | 索引号 | |
| 项目 | | 财务报表截止日/期间 | |
| 编制 | | 复核 | |
| 日期 | | 日期 | |

| 开户银行 | 账号 | 币种 | 函证情况 | | | | | 冻结、质押等事项说明 | 备注 |
|---|---|---|---|---|---|---|---|---|---|
| | | | 对账单余额 | 函证日期 | 回函日期 | 回函金额 | 金额差异 | | |
| | | | | | | | | | |
| | | | | | | | | | |
| | | | | | | | | | |
| | | | | | | | | | |
| | | | | | | | | | |
| | | | | | | | | | |
| | | | | | | | | | |
| | | | | | | | | | |
| | | | | | | | | | |
| | | | | | | | | | |
| | | | | | | | | | |
| | | | | | | | | | |
| | | | | | | | | | |
| | | | | | | | | | |
| | | | | | | | | | |
| | | | | | | | | | |
| | | | | | | | | | |

审计说明：

## 20. 银行询证函

索引号：Z1－6－1

### 银行询证函

编号：

________________（银行）：

本公司聘请的__________会计师事务所正在对本公司________年度财务报表进行审计，按照中国注册会计师审计准则的要求，应当询证本公司与贵行相关的信息。下列信息出自本公司记录，如与贵行记录相符，请在本函下端“信息证明无误”处签章证明；如有不符，请在“信息不符”处列明不符项目及具体内容；如存在与本公司有关的未列入本函的其他重要信息，也请在“信息不符”处列出其详细资料。回函请直接寄至________会计师事务所。

回函地址：　　　　　　　　　　　　邮编：

电话：　　　　　　　　　　传真：　　　　　　　　　联系人：

截至______年____月____日止，本公司与贵行相关的信息列示如下：

（1）银行存款。

| 账户名称 | 银行账号 | 币种 | 利率 | 余额 | 起止日期 | 是否被质押、用于担保或存在其他使用限制 | 备注 |
|---|---|---|---|---|---|---|---|
| | | | | | | | |
| | | | | | | | |

除上述列示的银行存款外，本公司并无在贵行的其他存款。

注：“起止日期”一栏仅适用于定期存款，如为活期或保证金存款，可只填写“活期”或“保证金”字样。

（2）银行借款。

| 借款人名称 | 币种 | 本息余额 | 借款日期 | 到期日期 | 利率 | 借款条件 | 抵（质）押品/担保人 | 备注 |
|---|---|---|---|---|---|---|---|---|
| | | | | | | | | |

除上述列示的银行借款外，本公司并无自贵行的其他借款。

（3）截至函证日之前 12 个月内注销的账户。

| 账户名称 | 银行账号 | 币种 | 注销账户日 |
|---|---|---|---|
| | | | |

除上述列示的账户外，本公司并无截至函证日之前 12 个月内在贵行注销的其他账户。

（4）委托存款。

| 账户名称 | 银行账号 | 借款方 | 币种 | 利率 | 余额 | 存款起止日期 | 备注 |
|---|---|---|---|---|---|---|---|
| | | | | | | | |

除上述列示的委托存款外，本公司并无通过贵行办理的其他委托存款。

（5）委托贷款。

| 账户名称 | 银行账号 | 资金使用方 | 币种 | 利率 | 本金 | 利息 | 贷款起止日期 | 备注 |
| --- | --- | --- | --- | --- | --- | --- | --- | --- |
| | | | | | | | | |

除上述列示的委托贷款外，本公司并无通过贵行办理的其他委托贷款。

（6）担保。

①本公司为其他单位提供的、以贵行为担保受益人的担保。

| 被担保人 | 担保方式 | 担保金额 | 担保期限 | 担保事由 | 担保合同编号 | 被担保人与贵行就担保事项往来的内容（贷款等） | 备注 |
| --- | --- | --- | --- | --- | --- | --- | --- |
| | | | | | | | |

除上述列示的担保外，本公司并无其他以贵行为担保受益人的担保。

注：如采用抵押或质押方式提供担保的，应在备注中说明抵押或质押物情况。

②贵行向本公司提供的担保。

| 被担保人 | 担保方式 | 担保金额 | 担保期限 | 担保事由 | 担保合同编号 | 备注 |
| --- | --- | --- | --- | --- | --- | --- |
| | | | | | | |

除上述列示的担保外，本公司并无贵行提供的其他担保。

（7）本公司为出票人且由贵行承兑而尚未支付的银行承兑汇票。

| 银行承兑汇票号码 | 票面金额 | 出票日 | 到期日 |
| --- | --- | --- | --- |
| | | | |

除上述列示的银行承兑汇票外，本公司并无由贵行承兑而尚未支付的其他银行承兑汇票。

（8）本公司向贵行已贴现而尚未到期的商业汇票。

| 商业汇票号码 | 付款人名称 | 承兑人名称 | 票面金额 | 票面利率 | 出票日 | 到期日 | 贴现日 | 贴现率 | 贴现净额 |
| --- | --- | --- | --- | --- | --- | --- | --- | --- | --- |
| | | | | | | | | | |

除上述列示的商业汇票外，本公司并无向贵行已贴现而尚未到期的其他商业汇票。

（9）本公司为持票人且由贵行托收的商业汇票。

| 商业汇票号码 | 承兑人名称 | 票面金额 | 出票日 | 到期日 |
| --- | --- | --- | --- | --- |
| | | | | |

除上述列示的商业汇票外，本公司并无由贵行托收的其他商业汇票。

（10）本公司为申请人，由贵行开具的未履行完毕的不可撤销信用证。

| 信用证号码 | 受益人 | 信用证金额 | 到期日 | 未使用金额 |
| --- | --- | --- | --- | --- |
| | | | | |

除上述列示的外，本公司并无由贵行开具的未履行完毕的其他不可撤销信用证。

（11）本公司与贵行之间未履行完毕的外汇买卖合约。

| 类别 | 合约号码 | 买卖币种 | 未履行的合约买卖金额 | 汇率 | 交收日期 |
| --- | --- | --- | --- | --- | --- |
| 贵行卖予本公司 | | | | | |
| 本公司卖予贵行 | | | | | |

除上述列示的外汇买卖合约外，本公司并无与贵行之间未履行完毕的其他外汇买卖合约。

（12）本公司存放于贵行的有价证券或其他产权文件。

| 有价证券或其他产权文件名称 | 产权文件编号 | 数量 | 金额 |
| --- | --- | --- | --- |
| | | | |

除上述列示的有价证券或其他产权文件外，本公司并无存放于贵行的其他有价证券或其他产权文件。

（13）其他重大事项。

| |
| --- |
| |

注：此项应填列注册会计师认为重大且应予函证的其他事项，如无则应填写“不适用”。

（公司盖章）

年　　月　　日

**以下仅供被询证银行使用**

**结论：**

| 1. 信息证明无误。<br><br>（银行盖章）<br>年　月　日<br>经办人： | 2. 信息不符，请列明不符项目及具体内容（对于在本函前述第1项至第13项中漏列的其他重要信息，请列出详细资料）。<br><br>（银行盖章）<br>年　月　日<br>经办人： |
| --- | --- |

## 21. 货币资金收支检查情况表

### 货币资金收支检查情况表

| | | | |
|---|---|---|---|
| 被审计单位 | | 索引号 | |
| 项目 | | 财务报表截止日/期间 | |
| 编制 | | 复核 | |
| 日期 | | 日期 | |

| 记账日期 | 凭证编号 | 业务内容 | 对应科目 | 金额 | 核对内容（用“√”“×”表示） | | | | | 备注 |
|---|---|---|---|---|---|---|---|---|---|---|
| | | | | | 1 | 2 | 3 | 4 | 5 | |
| | | | | | | | | | | |
| | | | | | | | | | | |
| | | | | | | | | | | |
| | | | | | | | | | | |
| | | | | | | | | | | |
| | | | | | | | | | | |
| | | | | | | | | | | |
| | | | | | | | | | | |
| | | | | | | | | | | |
| | | | | | | | | | | |
| | | | | | | | | | | |
| | | | | | | | | | | |
| | | | | | | | | | | |
| | | | | | | | | | | |
| | | | | | | | | | | |
| | | | | | | | | | | |
| | | | | | | | | | | |
| | | | | | | | | | | |
| | | | | | | | | | | |
| 核对内容说明：1. 原始凭证是否齐全；2. 记账凭证与原始凭证是否相符；3. 账务处理是否正确；4. 是否记录于恰当的会计期间；5. …… | | | | | | | | | | |
| 对不符事项的处理： | | | | | | | | | | |

注：当企业规模和业务量较大时，可分库存现金、银行存款、其他货币资金科目分别使用该表，应注意修改索引号。

审计说明：

| |
|---|
| |

**22. 应收账款审定表**

**应收账款审定表**

| | | | |
|---|---|---|---|
| 被审计单位 | | 索引号 | |
| 项目 | | 财务报表截止日/期间 | |
| 编制 | | 复核 | |
| 日期 | | 日期 | |

| 项目名称 | 期末未审数 | 账项调整 | | 重分类调整 | | 期末审定数 | 上期末审定数 | 索引号 |
|---|---|---|---|---|---|---|---|---|
| | | 借方 | 贷方 | 借方 | 贷方 | | | |
| 一、账面余额合计 | | | | | | | | |
| 1年以内 | | | | | | | | |
| 1～2年 | | | | | | | | |
| 2～3年 | | | | | | | | |
| 3年以上 | | | | | | | | |
| ⋮ | | | | | | | | |
| 二、坏账准备合计 | | | | | | | | |
| 1年以内 | | | | | | | | |
| 1～2年 | | | | | | | | |
| 2～3年 | | | | | | | | |
| 3年以上 | | | | | | | | |
| ⋮ | | | | | | | | |
| 三、账面价值合计 | | | | | | | | |
| 1年以内 | | | | | | | | |
| 1～2年 | | | | | | | | |
| 2～3年 | | | | | | | | |
| 3年以上 | | | | | | | | |
| ⋮ | | | | | | | | |

标识说明：

审计结论：

## 23. 应收账款明细表

**应收账款明细表**

| | | | |
|---|---|---|---|
| 被审计单位 | | 索引号 | |
| 项目 | | 财务报表截止日/期间 | |
| 编制 | | 复核 | |
| 日期 | | 日期 | |

| 项目名称 | 期末未审数 | | | | | 账项调整 | | 重分类调整 | | | 期末审定数 | | | |
|---|---|---|---|---|---|---|---|---|---|---|---|---|---|---|
| | 合计 | 1年以内 | 1～2年 | 2～3年 | 3年以上 | 借方 | 贷方 | 借方 | 贷方 | 合计 | 1年以内 | 1～2年 | 2～3年 | 3年以上 |
| 一、关联方 | | | | | | | | | | | | | | |
| | | | | | | | | | | | | | | |
| | | | | | | | | | | | | | | |
| | | | | | | | | | | | | | | |
| 二、非关联方 | | | | | | | | | | | | | | |
| | | | | | | | | | | | | | | |
| | | | | | | | | | | | | | | |
| | | | | | | | | | | | | | | |
| | | | | | | | | | | | | | | |
| | | | | | | | | | | | | | | |
| | | | | | | | | | | | | | | |
| | | | | | | | | | | | | | | |
| | | | | | | | | | | | | | | |
| | | | | | | | | | | | | | | |
| | | | | | | | | | | | | | | |
| | | | | | | | | | | | | | | |
| 合　计 | | | | | | | | | | | | | | |

注：外币应收账款应列明原币金额及折合汇率。

审计说明：

## 24. 应收账款函证结果汇总表

### 应收账款函证结果汇总表

| | | | |
|---|---|---|---|
| 被审计单位 | | 索引号 | |
| 项目 | | 财务报表截止日/期间 | |
| 编制 | | 复核 | |
| 日期 | | 日期 | |

### 一、应收账款函证情况列表

| 项目<br>单位名称 | 询证函编号 | 函证方式 | 函证日期 | | 回函日期 | 账面金额 | 回函金额 | 经调节后是否存在差异 | 调节表索引号 |
|---|---|---|---|---|---|---|---|---|---|
| | | | 第一次 | 第二次 | | | | | |
| | | | | | | | | | |
| | | | | | | | | | |
| | | | | | | | | | |
| | | | | | | | | | |
| | | | | | | | | | |
| | | | | | | | | | |
| | | | | | | | | | |
| | | | | | | | | | |
| | | | | | | | | | |
| | | | | | | | | | |
| | | | | | | | | | |
| | | | | | | | | | |
| | | | | | | | | | |
| | | | | | | | | | |

### 二、对误差的分析

| 项　目 | 金　额 |
|---|---|
| 1. 已识别的误差 | |
| 2. 推断出的总体误差（扣除已识别的误差） | |

审计说明：

| |
|---|
| |

## 25. 应收账款函证结果调节表

**应收账款函证结果调节表**

| | | | |
|---|---|---|---|
| 被审计单位 | | 索引号 | |
| 项目 | | 财务报表截止日/期间 | |
| 编制 | | 复核 | |
| 日期 | | 日期 | |

被询证单位：

回函日期：

1. 被询证单位回函余额

2. 减：被询证单位已记录项目

序号　　日期　　摘要（运输途中、存在争议的项目等）　　凭证号　　金　额

（1）

（2）

⋮

合计

3. 加：被审计单位已记录项目

序号　　日期　　摘要（运输途中、存在争议的项目等）　　凭证号　　金　额

（1）

（2）

⋮

合计

4. 调节后金额

5. 被审计单位账面金额

6. 调节后是否存在差异，差异金额

审计说明：

| |
|---|
| |

**26. 应收账款询证函（积极式格式）**

索引号：Z2－3－3

## 应收账款询证函

编号：

____________ 公司：

本公司聘请的________会计师事务所正在对本公司______年度财务报表进行审计，按照中国注册会计师审计准则的要求，应当询证本公司与贵公司的往来账项等事项。下列信息出自本公司账簿记录，如与贵公司记录相符，请在本函下端“信息证明无误”处签章证明；如有不符，请在“信息不符”处列明不符项目。如存在与本公司有关的未列入本函的其他项目，也请在“信息不符”处列出这些项目的金额及详细资料。回函请直接寄至________会计师事务所。

回函地址： 邮编：

电话： 传真： 联系人：

1. 本公司与贵公司的往来账项列示如下：

单位：元

| 截止日期 | 贵公司欠 | 欠贵公司 | 备 注 |
|---|---|---|---|
| | | | |
| | | | |

2. 其他事项。

本函仅为复核账目之用，并非催款结算。若款项在上述日期之后已经付清，仍请及时函复为盼。

（________盖章）

______ 年____月____日

结论：

1. 信息证明无误。 2. 信息不符，请列明不符项目及具体内容。

（______公司盖章） （______公司盖章）

年 月 日 年 月 日

经办人： 经办人：

**27. 应收账款询证函（消极式格式）**

索引号：Z2－3－3

## 应收账款询证函

编号：

____________公司：

本公司聘请的________会计师事务所正在对本公司______年度财务报表进行审计，按照中国注册会计师审计准则的要求，应当询证本公司与贵公司的往来账项等事项。下列信息出自本公司账簿记录，如与贵公司记录相符，则无须回复；如有不符，请直接回函寄至会计师事务所，并在空白处列明贵公司认为正确的信息。

回函地址：　　　　　　　　　　　　　邮编：

电话：　　　　　　　传真：　　　　　　　联系人：

1. 本公司与贵公司的往来账项列示如下：

单位：元

| 截止日期 | 贵公司欠 | 欠贵公司 | 备　注 |
| --- | --- | --- | --- |
| | | | |
| | | | |

2. 其他事项。

本函仅为复核账目之用，并非催款结算。若款项在上述日期之后已经付清，仍请及时函复为盼。

（________盖章）

______年____月____日

__________会计师事务所：

上面的信息不正确，差异如下：

（________盖章）

______年____月____日

经办人：

### 28. 应收账款替代测试表

**应收账款替代测试表**

<table>
<tr><td colspan="2">被审计单位</td><td colspan="2"></td><td colspan="2">索引号</td><td colspan="2"></td></tr>
<tr><td colspan="2">项目</td><td colspan="2"></td><td colspan="2">财务报表截止日/期间</td><td colspan="2"></td></tr>
<tr><td colspan="2">编制</td><td colspan="2"></td><td colspan="2">复核</td><td colspan="2"></td></tr>
<tr><td colspan="2">日期</td><td colspan="2"></td><td colspan="2">日期</td><td colspan="2"></td></tr>
<tr><td colspan="8">一、期初余额</td></tr>
<tr><td colspan="8">二、借方发生额</td></tr>
<tr><td colspan="4">入账金额</td><td colspan="4">检查内容（用“√”“×”表示）</td></tr>
<tr><td>序号</td><td>日期</td><td>凭证号</td><td>金额</td><td>①</td><td>②</td><td>③</td><td>…</td></tr>
<tr><td>1</td><td></td><td></td><td></td><td></td><td></td><td></td><td></td></tr>
<tr><td>2</td><td></td><td></td><td></td><td></td><td></td><td></td><td></td></tr>
<tr><td>3</td><td></td><td></td><td></td><td></td><td></td><td></td><td></td></tr>
<tr><td>⋮</td><td></td><td></td><td></td><td></td><td></td><td></td><td></td></tr>
<tr><td>小计</td><td></td><td></td><td></td><td></td><td></td><td></td><td></td></tr>
<tr><td colspan="3">全年借方发生额合计</td><td colspan="5"></td></tr>
<tr><td colspan="3">测试金额占全年借方发生额的比例</td><td colspan="5"></td></tr>
<tr><td colspan="8">三、贷方发生额</td></tr>
<tr><td colspan="4">入账金额</td><td colspan="4">检查内容（用“√”“×”表示）</td></tr>
<tr><td>序号</td><td>日期</td><td>凭证号</td><td>金额</td><td>①</td><td>②</td><td>③</td><td>…</td></tr>
<tr><td>1</td><td></td><td></td><td></td><td></td><td></td><td></td><td></td></tr>
<tr><td>2</td><td></td><td></td><td></td><td></td><td></td><td></td><td></td></tr>
<tr><td>3</td><td></td><td></td><td></td><td></td><td></td><td></td><td></td></tr>
<tr><td>⋮</td><td></td><td></td><td></td><td></td><td></td><td></td><td></td></tr>
<tr><td>小计</td><td></td><td></td><td></td><td></td><td></td><td></td><td></td></tr>
<tr><td colspan="3">全年贷方发生额合计</td><td colspan="5"></td></tr>
<tr><td colspan="3">测试金额占全年贷方发生额的比例</td><td colspan="5"></td></tr>
<tr><td colspan="3">四、期末余额</td><td colspan="5"></td></tr>
<tr><td colspan="8">五、期后收款检查</td></tr>
<tr><td colspan="8">检查内容说明：①原始凭证是否齐全；②记账凭证与原始凭证是否相符；③账务处理是否正确；④是否记录于恰当的会计期间；⑤……</td></tr>
</table>

审计说明：

<table>
<tr><td></td></tr>
</table>

## 29. 应收账款坏账准备计算表

### 应收账款坏账准备计算表

| | | | |
|---|---|---|---|
| 被审计单位 | | 索引号 | |
| 项目 | | 财务报表截止日/期间 | |
| 编制 | | 复核 | |
| 日期 | | 日期 | |

| 计算过程 | | | | | 索引号 |
|---|---|---|---|---|---|
| 一、坏账准备本期期末应有金额①=②+③ | | | | ______① | |
| 1. 期末单项金额重大且有客观证据表明发生了减值的应收款项对应坏账准备应有余额 | | | | | |
| 单位名称 | | 金　额 | | | |
| | | | | | |
| 合　计 | | | | ______② | |
| 2. 期末单项金额非重大以及经单独测试后未减值的单项金额重大的应收款项对应坏账准备应有余额 | | | | | |
| 项　目 | 账　龄 | 应收款项余额 | 坏账准备计提比例（%） | 坏账准备应有余额 | |
| 应收账款 | 1 年以内（含 1 年） | | | | |
| | 1～2 年（含 2 年） | | | | |
| | 2～3 年（含 3 年） | | | | |
| | 3 年以上 | | | | |
| | 合　计 | | | ______③ | |
| 二、坏账准备上期审定数 | | | | ______④ | |
| 三、坏账准备本期转出（核销）金额 | | | | | |
| 单位名称 | | 金　额 | | | |
| | | | | | |
| 合　计 | | | | ______⑤ | |
| 四、计算坏账准备本期全部应计提金额 | | | | | |
| ⑥=①-④+⑤ | | | | ______⑥ | |

审计说明：

| |
|---|
| |

## 30. 存货审定表

存货审定表

<table>
<tr><td>被审计单位</td><td colspan="3"></td><td colspan="3">索引号</td><td colspan="2"></td></tr>
<tr><td>项目</td><td colspan="3"></td><td colspan="3">财务报表截止日/期间</td><td colspan="2"></td></tr>
<tr><td>编制</td><td colspan="3"></td><td colspan="3">复核</td><td colspan="2"></td></tr>
<tr><td>日期</td><td colspan="3"></td><td colspan="3">日期</td><td colspan="2"></td></tr>
<tr><td rowspan="2">存货项目</td><td rowspan="2">期末未审数</td><td colspan="2">账项调整</td><td colspan="2">重分类调整</td><td rowspan="2">期末审定数</td><td rowspan="2">上期末审定数</td><td rowspan="2">索引号</td></tr>
<tr><td>借方</td><td>贷方</td><td>借方</td><td>贷方</td></tr>
<tr><td>一、存货账面余额</td><td></td><td></td><td></td><td></td><td></td><td></td><td></td><td></td></tr>
<tr><td>原材料</td><td></td><td></td><td></td><td></td><td></td><td></td><td></td><td></td></tr>
<tr><td>材料采购</td><td></td><td></td><td></td><td></td><td></td><td></td><td></td><td></td></tr>
<tr><td>在途物资</td><td></td><td></td><td></td><td></td><td></td><td></td><td></td><td></td></tr>
<tr><td>周转材料</td><td></td><td></td><td></td><td></td><td></td><td></td><td></td><td></td></tr>
<tr><td>低值易耗品</td><td></td><td></td><td></td><td></td><td></td><td></td><td></td><td></td></tr>
<tr><td>包装物</td><td></td><td></td><td></td><td></td><td></td><td></td><td></td><td></td></tr>
<tr><td>库存商品</td><td></td><td></td><td></td><td></td><td></td><td></td><td></td><td></td></tr>
<tr><td>在产品</td><td></td><td></td><td></td><td></td><td></td><td></td><td></td><td></td></tr>
<tr><td>劳务成本</td><td></td><td></td><td></td><td></td><td></td><td></td><td></td><td></td></tr>
<tr><td>委托加工物资</td><td></td><td></td><td></td><td></td><td></td><td></td><td></td><td></td></tr>
<tr><td>发出商品</td><td></td><td></td><td></td><td></td><td></td><td></td><td></td><td></td></tr>
<tr><td>⋮</td><td></td><td></td><td></td><td></td><td></td><td></td><td></td><td></td></tr>
<tr><td>合计</td><td></td><td></td><td></td><td></td><td></td><td></td><td></td><td></td></tr>
<tr><td>二、存货跌价准备</td><td></td><td></td><td></td><td></td><td></td><td></td><td></td><td></td></tr>
<tr><td>原材料</td><td></td><td></td><td></td><td></td><td></td><td></td><td></td><td></td></tr>
<tr><td>材料采购</td><td></td><td></td><td></td><td></td><td></td><td></td><td></td><td></td></tr>
<tr><td>在途物资</td><td></td><td></td><td></td><td></td><td></td><td></td><td></td><td></td></tr>
<tr><td>周转材料</td><td></td><td></td><td></td><td></td><td></td><td></td><td></td><td></td></tr>
<tr><td>低值易耗品</td><td></td><td></td><td></td><td></td><td></td><td></td><td></td><td></td></tr>
<tr><td>包装物</td><td></td><td></td><td></td><td></td><td></td><td></td><td></td><td></td></tr>
<tr><td>库存商品</td><td></td><td></td><td></td><td></td><td></td><td></td><td></td><td></td></tr>
<tr><td>在产品</td><td></td><td></td><td></td><td></td><td></td><td></td><td></td><td></td></tr>
<tr><td>劳务成本</td><td></td><td></td><td></td><td></td><td></td><td></td><td></td><td></td></tr>
<tr><td>委托加工物资</td><td></td><td></td><td></td><td></td><td></td><td></td><td></td><td></td></tr>
<tr><td>发出商品</td><td></td><td></td><td></td><td></td><td></td><td></td><td></td><td></td></tr>
<tr><td>⋮</td><td></td><td></td><td></td><td></td><td></td><td></td><td></td><td></td></tr>
<tr><td>合计</td><td></td><td></td><td></td><td></td><td></td><td></td><td></td><td></td></tr>
</table>

续表

| 存货项目 | 期末未审数 | 账项调整 | | 重分类调整 | | 期末审定数 | 上期末审定数 | 索引号 |
|---|---|---|---|---|---|---|---|---|
| | | 借方 | 贷方 | 借方 | 贷方 | | | |
| 三、存货账面价值 | | | | | | | | |
| 原材料 | | | | | | | | |
| 材料采购 | | | | | | | | |
| 在途物资 | | | | | | | | |
| 周转材料 | | | | | | | | |
| 低值易耗品 | | | | | | | | |
| 包装物 | | | | | | | | |
| 库存商品 | | | | | | | | |
| 在产品 | | | | | | | | |
| 劳务成本 | | | | | | | | |
| 委托加工物资 | | | | | | | | |
| 发出商品 | | | | | | | | |
| ⋮ | | | | | | | | |
| | | | | | | | | |
| | | | | | | | | |
| | | | | | | | | |
| | | | | | | | | |
| | | | | | | | | |
| | | | | | | | | |
| | | | | | | | | |
| | | | | | | | | |
| | | | | | | | | |
| 合计 | | | | | | | | |

标识说明：

| |
|---|
| |

审计结论：

| |
|---|
| |

## 31. 存货类别明细表

**存货类别明细表**

| | | | |
|---|---|---|---|
| 被审计单位 | | 索引号 | |
| 项目 | | 财务报表截止日/期间 | |
| 编制 | | 复核 | |
| 日期 | | 日期 | |

| 存货类别 | 名称及规格 | 期初余额 | 本期增加 | 本期减少 | 期末余额 | 备注 |
|---|---|---|---|---|---|---|
| | | | | | | |
| | | | | | | |
| | | | | | | |
| | | | | | | |
| | | | | | | |
| | | | | | | |
| | | | | | | |
| | | | | | | |
| | | | | | | |
| | | | | | | |
| | | | | | | |
| | | | | | | |
| | | | | | | |
| | | | | | | |
| | | | | | | |
| | | | | | | |

审计说明：

| |
|---|
| |

## 32. 存货明细表

**存货明细表**

| | | | |
|---|---|---|---|
| 被审计单位 | | 索引号 | |
| 项目 | | 财务报表截止日/期间 | |
| 编制 | | 复核 | |
| 日期 | | 日期 | |

| 类别 | 名称及规格 | 计量单位 | 数量 | 单价 | 金额 | 备注 |
|---|---|---|---|---|---|---|
| | | | | | | |
| | | | | | | |
| | | | | | | |
| | | | | | | |
| | | | | | | |
| | | | | | | |
| | | | | | | |
| | | | | | | |
| | | | | | | |
| | | | | | | |
| | | | | | | |
| | | | | | | |
| | | | | | | |
| | | | | | | |
| | | | | | | |
| | | | | | | |
| | | | | | | |
| | | | | | | |
| | | | | | | |
| | | | | | | |
| | | | | | | |

注：本表适用于材料采购、在途物资、原材料、库存商品、发出商品、委托加工物资、周转材料等。

审计说明：

**33. 存货入库截止测试**

存货入库截止测试

| | | | |
|---|---|---|---|
| 被审计单位 | | 索引号 | |
| 项目 | | 财务报表截止日/期间 | |
| 编制 | | 复核 | |
| 日期 | | 日期 | |

**一、从存货明细账的借方发生额中抽取样本与入库记录核对，以确定存货入库被记录在正确的会计期间**

<table>
<tr><th rowspan="2">序号</th><th rowspan="2">摘要</th><th colspan="3">明细账凭证</th><th colspan="3">入库单（或购货发票）</th><th rowspan="2">是否跨期</th></tr>
<tr><th>编号</th><th>日期</th><th>金额</th><th>编号</th><th>日期</th><th>金额</th></tr>
<tr><td></td><td></td><td></td><td></td><td></td><td></td><td></td><td></td><td></td></tr>
<tr><td></td><td></td><td></td><td></td><td></td><td></td><td></td><td></td><td></td></tr>
<tr><td></td><td></td><td></td><td></td><td></td><td></td><td></td><td></td><td></td></tr>
<tr><td colspan="9">截止日前<br>截止日期：　年　月　日<br>截止日后</td></tr>
<tr><td></td><td></td><td></td><td></td><td></td><td></td><td></td><td></td><td></td></tr>
<tr><td></td><td></td><td></td><td></td><td></td><td></td><td></td><td></td><td></td></tr>
<tr><td></td><td></td><td></td><td></td><td></td><td></td><td></td><td></td><td></td></tr>
</table>

**二、从存货入库记录抽取样本与明细账的借方发生额核对，以确定存货入库被记录在正确的会计期间**

<table>
<tr><th rowspan="2">序号</th><th rowspan="2">摘要</th><th colspan="3">入库单（或购货发票）</th><th colspan="3">明细账凭证</th><th rowspan="2">是否跨期</th></tr>
<tr><th>编号</th><th>日期</th><th>金额</th><th>编号</th><th>日期</th><th>金额</th></tr>
<tr><td></td><td></td><td></td><td></td><td></td><td></td><td></td><td></td><td></td></tr>
<tr><td></td><td></td><td></td><td></td><td></td><td></td><td></td><td></td><td></td></tr>
<tr><td></td><td></td><td></td><td></td><td></td><td></td><td></td><td></td><td></td></tr>
<tr><td colspan="9">截止日前<br>截止日期：　年　月　日<br>截止日后</td></tr>
<tr><td></td><td></td><td></td><td></td><td></td><td></td><td></td><td></td><td></td></tr>
<tr><td></td><td></td><td></td><td></td><td></td><td></td><td></td><td></td><td></td></tr>
<tr><td></td><td></td><td></td><td></td><td></td><td></td><td></td><td></td><td></td></tr>
</table>

注：本表适用于材料采购、在途物资、原材料、在产品、库存商品等。

审计说明：

| |
|---|
| |

**34. 存货出库截止测试**

存货出库截止测试

| | | | |
|---|---|---|---|
| 被审计单位 | | 索引号 | |
| 项目 | | 财务报表截止日/期间 | |
| 编制 | | 复核 | |
| 日期 | | 日期 | |

**一、从存货明细账的贷方发生额中抽取样本与出库记录核对，以确定存货出库被记录在正确的会计期间**

| 序号 | 摘要 | 明细账凭证 | | | 出库单（或销售发票） | | | 是否跨期 |
|---|---|---|---|---|---|---|---|---|
| | | 编号 | 日期 | 金额 | 编号 | 日期 | 金额 | |
| | | | | | | | | |
| | | | | | | | | |
| | | | | | | | | |
| 截止日前 | | | | | | | | |
| 截止日期：　年　月　日 | | | | | | | | |
| 截止日后 | | | | | | | | |
| | | | | | | | | |
| | | | | | | | | |
| | | | | | | | | |

**二、从存货出库记录抽取样本与明细账的贷方发生额核对，以确定存货出库被记录在正确的会计期间**

| 序号 | 摘要 | 出库单（或销售发票） | | | 明细账凭证 | | | 是否跨期 |
|---|---|---|---|---|---|---|---|---|
| | | 编号 | 日期 | 金额 | 编号 | 日期 | 金额 | |
| | | | | | | | | |
| | | | | | | | | |
| | | | | | | | | |
| 截止日前 | | | | | | | | |
| 截止日期：　年　月　日 | | | | | | | | |
| 截止日后 | | | | | | | | |
| | | | | | | | | |
| | | | | | | | | |
| | | | | | | | | |

注：本表适用于材料采购、在途物资、原材料、在产品、库存商品等。

审计说明：

| |
|---|
| |

## 35. 存货监盘报告

**存货监盘报告**

| | | | |
|---|---|---|---|
| 被审计单位 | | 索引号 | |
| 项目 | | 财务报表截止日/期间 | |
| 编制 | | 复核 | |
| 日期 | | 日期 | |

**一、盘点日期**________年____月____日

**二、盘点仓库名称**________________________________________

仓库负责人：______________

仓库记账员：______________仓库保管员：__________________

仓库概况：（描述仓库共____间，各仓库的特点）

**三、监盘参加人员**

监盘人员（__________事务所）注册会计师：____________________________

监盘人员（__________事务所）注册会计师：____________________________

监盘人员（__________公司财务处）：__________________________________

监盘人员（__________公司供销处）：__________________________________

__________公司盘点负责人：______________________________________

__________公司盘点人员：________________________________________

上述人员在监盘过程中，除____________外，自始至终未离开现场。

**四、监盘开始前的工作**

| 项　目 | 是或否 | 工作底稿编号 |
|---|---|---|
| 1. 索取期末存货盘点计划 | | |
| 2. 索取该仓库存货收发存月报表 | | |
| 3. 索取存货的盘点清单 | | |
| 4. 索取盘点前该仓库收料、发料的最后　张单证 | | |
| 5. 存货是否已停止流动 | | |
| 6. 废品、毁损物品是否已分开堆放 | | |
| 7. 货到单未到的存货是否已暂估入账 | | |
| 8. 发票未开、客户已提取的存货是否已单独记录 | | |
| 9. 发票已开、客户未提取的存货是否已单独记录（或单独堆放） | | |
| 10. 存货是否已按存货的型号、规格排放整齐 | | |
| 11. 外单位寄存的货物是否已分开堆放 | | |
| 12. 代外单位保管的货物是否已分开堆放 | | |
| 13. 外单位代销的货物是否已分开堆放 | | |
| 14. 其他非本公司的货物是否已分开堆放 | | |
| 15. 委托外单位加工的存货、存放外单位的存货，是否收到外单位的书面确认书 | | |
| 16. 最近一次盘点存货的日期 | | |
| 17. 最近一次对计量用具（地秤、称量器和其他计量器）的校对 | | |
| 18. 是否有存货的记录位置或存放图 | | |

**五、监盘进行中的工作**

1. 监盘从________点开始，共分______个监盘小组，每个小组______人。

（1）一人点数并报出型号、规格；

（2）一人记录盘点清单；

（3）一人______________________________。

2. 核对仓库报表结存数量与仓库存货账结存数量是否相符；仓库存货账结存数量与仓库存货卡数量是否相符；填制存货表、账、卡核对记录表。

3. 盘点结束，索取盘点清单及存货盘盈、盘亏汇总表。

**六、复盘**

1. 盘点结束后，选择数额较大、收发频繁的存货项目进行复盘。

2. 复盘人员为：______________________________。

3. 复盘记录详见存货监盘结果汇总表（附后）。

4. 复盘统计：

品种、型号共______种，复盘______种，占______%；

金额共________元，复盘达________元，占__________%。

5. 计算复盘正确率：

复盘共______种，其中复盘正确的有______种，占________%；

复盘金额共________元，其中复盘正确的有________元，占________%。

6. 确定存货中属于残次、毁损、滞销积压的存货及其对当年损益的影响：

存货中属于残次、毁损、滞销积压的存货的金额：

其中，原材料：______________元；在产品：______________元；

产成品：______________元；库存商品：______________元；

__________：______________元；合计：______________元。

**七、盘点结束后的工作**

1. 再次观察现场并检查盘点表单；

2. 复核盘点结果汇总记录；

3. 关注盘点日与资产负债表日之间存货的变动情况；

4. 关注存货盘点结果与永续盘存记录之间出现重大差异的处理；

5. 关注被审计单位盘点方式及其结果无效时的处理，如果认为被审计单位的盘点方式及其结果无效，注册会计师应当提请被审计单位重新盘点；

6. 请参加复盘人员在存货监盘结果汇总表上签字；

7. 索取由仓库人员填写的复盘差异说明（请用文字说明，并加盖单位公章）。

**八、对盘点及复盘的评价**

1. 仓库管理人员对存货很（一般、不）熟悉；

2. 盘点工作及复盘工作很（一般、不）认真；

3. 对会计师需要的资料很（一般、不）配合；

4. 监盘结果总体评价：

监盘人员签名：____________

____________

____________

____________

## 36. 存货监盘结果汇总表

**存货监盘结果汇总表**

| | | | |
|---|---|---|---|
| 被审计单位 | | 索引号 | |
| 项目 | | 财务报表截止日/期间 | |
| 编制 | | 复核 | |
| 日期 | | 日期 | |

| 存货类别 | 存货名称 | 单位 | 监盘数量 | 未经确认盘点报告数量 | 差异数量 | 差异原因 | 索引号 | 审计确认盘点报告数量 |
|---|---|---|---|---|---|---|---|---|
| | | | | | | | | |
| | | | | | | | | |
| | | | | | | | | |
| | | | | | | | | |
| | | | | | | | | |
| | | | | | | | | |
| | | | | | | | | |
| | | | | | | | | |
| | | | | | | | | |
| | | | | | | | | |
| | | | | | | | | |
| | | | | | | | | |
| | | | | | | | | |

监盘人员签名____________

____________

____________

____________

注：本表适用于监盘日（盘点日）为财务报表截止日的情况。

审计说明：

| |
|---|
| |

**37. 存货明细账与盘点报告（记录）核对表**

存货明细账与盘点报告（记录）核对表

| | | | |
|---|---|---|---|
| 被审计单位 | | 索引号 | |
| 项目 | | 财务报表截止日/期间 | |
| 编制 | | 复核 | |
| 日期 | | 日期 | |

**一、从明细账中选取具有代表性的样本将明细账上的存货数量与经确认盘点报告的数量核对**

| 序号 | 地点 | 样本描述 | | 期末存货明细账记录 | | | 获取的存货清单 | 索引号 | 经确认的期末存货盘点表 | 数量差异④=①−②或②−③ | 差异分析及处理 |
|---|---|---|---|---|---|---|---|---|---|---|---|
| | | 存货类别 | 存货型号 | 单价 | 数量① | 金额 | 数量② | | 数量③ | | |
| | | | | | | | | | | | |
| | | | | | | | | | | | |
| | | | | | | | | | | | |
| | | | | | | | | | | | |
| | | | | | | | | | | | |

**二、从经确认的盘点报告中抽取有代表性的样本将盘点报告的数量与存货明细账核对**

| 序号 | 地点 | 样本描述 | | 索引号 | 经确认的期末存货盘点表 | 期末存货明细账记录 | | | 被审计单位提供的存货清单的数量③ | 数量差异④=①−②或①−③ | 差异分析及处理 |
|---|---|---|---|---|---|---|---|---|---|---|---|
| | | 存货类别 | 存货型号 | | 数量① | 单价 | 数量② | 金额 | | | |
| | | | | | | | | | | | |
| | | | | | | | | | | | |
| | | | | | | | | | | | |
| | | | | | | | | | | | |
| | | | | | | | | | | | |

注：本表适用于监盘日（盘点日）为财务报表截止日的情况。

审计说明：

| |
|---|
| |

**38. 存货抽盘核对表**

存货抽盘核对表

| | | | |
|---|---|---|---|
| 被审计单位 | | 索引号 | |
| 项目 | | 财务报表截止日/期间 | |
| 编制 | | 复核 | |
| 日期 | | 日期 | |

## 一、资产负债表日前抽盘核对表

| 序号 | 品名及规格 | 单位 | 抽盘日实存数量 | 加：抽盘日至资产负债表日入库数量 | 减：抽盘日至资产负债表日发出数量 | 资产负债表日实存数量 | 资产负债表日账面数量 | 差异 | 原因分析 |
|---|---|---|---|---|---|---|---|---|---|
| | | | | | | | | | |
| | | | | | | | | | |
| | | | | | | | | | |
| | | | | | | | | | |
| | | | | | | | | | |
| | | | | | | | | | |
| | | | | | | | | | |
| | | | | | | | | | |
| | | | | | | | | | |
| | | | | | | | | | |

## 二、资产负债表日后抽盘核对表

| 序号 | 品名及规格 | 单位 | 抽盘日实存数量 | 加：资产负债表日至抽盘日发出数量 | 减：资产负债表日至抽盘日入库数量 | 资产负债表日实存数量 | 资产负债表日账面数量 | 差异 | 原因分析 |
|---|---|---|---|---|---|---|---|---|---|
| | | | | | | | | | |
| | | | | | | | | | |
| | | | | | | | | | |
| | | | | | | | | | |
| | | | | | | | | | |
| | | | | | | | | | |
| | | | | | | | | | |
| | | | | | | | | | |
| | | | | | | | | | |
| | | | | | | | | | |
| | | | | | | | | | |
| | | | | | | | | | |

注：本表适用于抽盘日不是财务报表截止日的情况。

审计说明：

| |
|---|
| |

## 39. 存货盘点计划问卷

**存货盘点计划问卷**

| | | | |
|---|---|---|---|
| 被审计单位 | | 索引号 | |
| 项目 | | 财务报表截止日/期间 | |
| 编制 | | 复核 | |
| 日期 | | 日期 | |

1. 存货盘点的范围、盘点的场所以及盘点时间是如何确定的？填列以下表格。

| 地　点 | 存货类型 | 占存货总额的大致比例 | 盘点时间 |
|---|---|---|---|
| | | | |
| | | | |
| | | | |

2. 盘点人员是如何组织分工的？是否具有胜任能力？填列以下表格。

| 人　员 | 地　点 | 职　责 | 胜任能力 | 电　话 |
|---|---|---|---|---|
| | | | | |
| | | | | |
| | | | | |

3. 盘点过程是否有专家参与？是否对专家参与盘点作出了适当的安排？

4. 盘点前是否召开会议并布置任务？

5. 在盘点过程中，存货是怎样整理和排列的？

6. 是否存在代销存货等所有权不属于被审计单位的存货？如有，情况如何？

7. 有哪些毁损、陈旧、过时、残次的存货？它们是如何区分和存放的？

8. 半成品、原材料和产成品如何分开？

9. 对于成堆堆放或分散在仓库中的存货，是否设置了专门的盘点程序或数量转换计算的方法？

10. 分散在不同地方的相同存货如何汇总（这对于与后续盘点汇总保持一致很重要）？

11. 存货盘点采用什么计量工具和计量方法？

12. 在产品的完工程度如何确认？原材料、直接人工、制造费用等如何在产成品和在产品之间分配？

13. 是否有存放在外单位的存货？如何进行盘点？

14. 放在距离较远的地方的存货如何盘点？

15. 对存货收发截止日是如何进行控制的？

16. 对盘点期间存货移动是如何进行控制的？盘点期间是否需要停止生产？

17. 盘点表单如何设计、使用与控制？是否预先编号？使用什么形式的文件记录盘点？

18. 是否所有的盘点都被独立检查以确保它们的准确性？若使用永续存货盘存制，如果实际数量与记录存在差异，是否有进行独立再盘点的措施？是否要求监督者对盘点执行的检查作出记录？

19. 盘点结果是如何汇总的？

20. 如何对盘盈或盘亏进行分析、调查与处理？

21. 是否存在其他在盘点中需要注意的事项？

22. 对被审计单位存货盘点计划能否合理地确定存货的数量和状况作出总体评价：

（1）被审计单位存货盘点计划是否适当？

（2）盘点计划是否存在缺陷？如是，应建议被审计单位调整。

注：本调查问卷旨在帮助审计人员了解和评价被审计单位存货盘点计划。如果被审计单位有盘点的书面说明，本调查问卷也可作为有益的补充。需要说明的是，审计人员应当根据被审计单位所处行业的特点、内部控制和会计核算制度等具体情况，对本调查问卷进行修改。

**40. 委托代管存货询证函**

索引号：Z3－4－6

## 委托代管存货询证函

____________ 公司：

本公司聘请的________会计师事务所正在对本公司财务报表进行审计。按照中国注册会计师审计准则的要求应当询证截至______年____月____日由贵公司持有，代本公司加工、销售或保管的存货的详细资料。下列数据出自本公司账簿记录，如与贵公司记录相符请在本函下端“询证事项证明无误”处签章证明；如有不符，请在“询证事项不符”处列明不符情况。回函请直接寄至________会计师事务所。

回函地址：　　　　　　　　　　　　　　邮编：

电话：　　　　　　　传真：　　　　　　联系人：

截至______年____月____日由贵公司持有，代本公司加工、销售或保管的存货列示如下：

| 类别 | 品名 | 数量 | 是否有留置权 | 状况 | 备注 |
|---|---|---|---|---|---|
| 1. 代加工存货 | | | | | |
| 2. 代销售存货 | | | | | |
| 3. 代保管存货 | | | | | |

本函仅为复核账目之用，请及时函复为盼。

（________盖章）

______年____月____日

以下仅供被询证单位使用____________

结论：

1. 询证事项证明无误。　　　　　　2. 询证事项不符，请列明不符项目及具体内容。

（公司盖章）　　　　　　　　　　（公司盖章）

年　月　日　　　　　　　　　　　年　月　日

经办人：　　　　　　　　　　　　经办人：

## 41. 存货计价测试表

### 存货计价测试表

| | | | |
|---|---|---|---|
| 被审计单位 | | 索引号 | |
| 项目 | | 财务报表截止日/期间 | |
| 编制 | | 复核 | |
| 日期 | | 日期 | |

**品名及规格：**

| 月份 | 增加 | | | 减少（计价方法：　　） | | | 结存 | | |
|---|---|---|---|---|---|---|---|---|---|
| | 数量 | 单价 | 金额 | 数量 | 单价 | 金额 | 数量 | 单价 | 金额 |
| 期初数 | | | | | | | | | |
| 1月 | | | | | | | | | |
| 2月 | | | | | | | | | |
| 3月 | | | | | | | | | |
| 4月 | | | | | | | | | |
| 5月 | | | | | | | | | |
| 6月 | | | | | | | | | |
| 7月 | | | | | | | | | |
| 8月 | | | | | | | | | |
| 9月 | | | | | | | | | |
| 10月 | | | | | | | | | |
| 11月 | | | | | | | | | |
| 12月 | | | | | | | | | |
| | | | | | | | | | |
| | | | | | | | | | |
| | | | | | | | | | |
| 合计 | | | | | | | | | |

注：本表适用于原材料、库存商品、发出商品等。

审计说明：

| |
|---|
| |

## 42. 存货跌价准备测试表

存货跌价准备测试表

| | | | |
|---|---|---|---|
| 被审计单位 | | 索引号 | |
| 项目 | | 财务报表截止日/期间 | |
| 编制 | | 复核 | |
| 日期 | | 日期 | |

| 序号 | 存货明细项目 | 期末余额 | 期末可变现净值 | 期末应计提跌价准备 | 期末已计提跌价准备 | 本期应补提跌价准备 |
|---|---|---|---|---|---|---|
| | | | | | | |
| | | | | | | |
| | | | | | | |
| | | | | | | |
| | | | | | | |
| | | | | | | |
| | | | | | | |
| | | | | | | |
| | | | | | | |
| | | | | | | |
| | | | | | | |
| | | | | | | |
| | | | | | | |
| | | | | | | |
| | | | | | | |
| | | | | | | |
| | | | | | | |
| | | | | | | |
| | | | | | | |
| | | | | | | |
| 合计 | | | | | | |

审计说明：

| |
|---|
| |

## 43. 存货细节测试底稿

存货细节测试底稿

| 被审计单位 | | | | | 索引号 | | | | | | | |
|---|---|---|---|---|---|---|---|---|---|---|---|---|
| 项目 | | | | | 财务报表截止日/期间 | | | | | | | |
| 编制 | | | | | 复核 | | | | | | | |
| 日期 | | | | | 日期 | | | | | | | |
| 日期 | 凭证编号 | 摘要 | 科目名称 | 明细科目 | 借方金额 | 贷方金额 | 核对内容 | | | | | 附件 |
| | | | | | | | 1 | 2 | 3 | 4 | 5 | 6 | |
| | | | | | | | | | | | | | |
| | | | | | | | | | | | | | |
| | | | | | | | | | | | | | |
| | | | | | | | | | | | | | |
| | | | | | | | | | | | | | |
| | | | | | | | | | | | | | |
| | | | | | | | | | | | | | |
| | | | | | | | | | | | | | |
| | | | | | | | | | | | | | |
| | | | | | | | | | | | | | |
| | | | | | | | | | | | | | |